ENTRÉE SOLENNELLE

du

PAPE URBAIN V

A MARSEILLE

Tiré à 200 Exemplaires.

MARSEILLE. — TYP. ET LITH. ARNAUD ET COMP., RUE SAINT-FERRÉOL, 57

ENTRÉE SOLENNELLE

DU

PAPE URBAIN V

MARSEILLE

En 1365

PROGRAMME DE LA FÊTE, DRESSÉ PAR LE CONSEIL DE LA VILLE

TEXTE PROVENÇAL INÉDIT DU XIVᵉ SIÈCLE

NOTES HISTORIQUES ET PIÈCES JUSTIFICATIVES

PAR

l'Abbé J. H. ALBANÉS

Docteur en Théologie et en Droit canonique

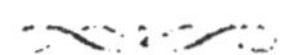

MARSEILLE

LIBRAIRIE ANCIENNE DE BOY-ESTELLON

Boulevard Dugommier, 13

MVCCCLXV
1865

PRÉFACE.

Plusieurs motifs nous engagent à publier les pièces
suivantes et la relation qui les accompagne, et nous
font croire que le moment est opportun pour un pareil
sujet. Nous voici en effet, après cinq siècles révolus,
en l'année qui fut témoin des faits que nous avons à ra-
conter; et les Marseillais de 1865 nous sauront peut-
être gré de leur avoir rappelé le plus grand événement
qui se soit passé à Marseille en 1365. Puis, il est plus
que jamais à propos de demander à l'histoire ce qu'est
un Pape, et quelle place il tient dans la vie des peuples :
en voyant l'enthousiasme qui animait nos ancêtres lors
de la venue d'Urbain V, nous sentirons mieux le grand
rôle que joue la Papauté au sein du Christianisme.

Dans un autre ordre d'idées, nous espérons qu'on
verra avec quelque intérêt un remarquable échantillon
du langage que l'on parlait dans notre ville, il y a tout
juste cinq cents ans. Le Programme des fêtes préparées
pour la réception du Pape est rédigé en langue romane
(1), ou provençale, la seule usitée à Marseille à cette

(1) C'est le nom qu'on lui donnait à Marseille: *quæ quidem cedula scripta
est manu dicti Bernardi de Berra romancialiter*. Délibération du conseil
de la ville du 10 janvier 1364 (65), à la mairie.

époque; il fut dressé par l'un des hommes les plus considérables de son temps, Guillaume de Montolieu, licencié en droit, que nous voyons presque toujours employé dans les grandes affaires de la ville. On sera peut-être heureux d'apprendre de lui comment nos pères parlaient et écrivaient alors : et quand même la rareté bien connue des textes provençaux imprimés, surtout de ceux qui sont en prose, ne serait pas une recommandation suffisante, la date respectable de celui que nous produisons nous semble lui donner des droits à l'attention de nos compatriotes.

Nous verrons d'ailleurs se dérouler devant nous une foule de faits curieux, de notions précieuses sur les habitudes du temps, de détails de mœurs, d'indications topographiques, qui nous mettront sous les yeux Marseille et les Marseillais du xive siècle ; le plus souvent les faits parleront d'eux-mêmes ; quand il le faudra, nous tâcherons d'éclaircir par des notes ce qui aura besoin d'explication. A raison du bouleversement qui a atteint les quartiers par lesquels le Pape fit son entrée nous devrons forcément rétablir la disposition des lieux, et indiquer l'itinéraire qu'il suivit ; nous espérons ne pas déplaire à ceux qui aiment nos antiquités ; les autres nous le pardonneront.

ENTRÉE

DU

PAPE URBAIN V

A MARSEILLE

En 1865.

Une grande joie régnait à Marseille en l'année 1365 : la nouvelle venait de se répandre que le Pape Urbain V se préparait à
visiter la ville et sa chère abbaye de Saint-Victor. Un pareil événement, toujours considérable à raison de la dignité du visiteur,
revêtait une importance plus grande à cause de la personne
même qui était attendue, et des rapports qui l'unissaient à la
ville de Marseille. Pour le faire comprendre, il nous faut jeter
un regard en arrière, et rappeler ce qui s'était passé dans les
dernières années qui venaient de s'écouler.

Issu d'une des plus nobles familles du Gévaudan, Guillaume
de Grimoard avait bientôt renoncé aux espérances du monde,
et enseveli sa noblesse sous l'habit de Saint-Benoît. La vie monastique n'avait fait que développer les grandes qualités de son
âme, et le jeune Bénédictin, devenu par de profondes études
un habile canoniste et un professeur célèbre, s'était vu nommer
successivement (1) vicaire-général de Clermont et d'Uzès, abbé

(1) *Procès de Canonisation*, f. 4 et 5. Nous citons l'exemplaire qui est à la
Bibliothèque Vaticane, sous le n° 1026, et que nous avons transcrit en en-
tier ; il en existe des copies à la Préf. des B. du R. et à la Bibl. Méjane, à
Aix ; nous les avons collationnées.

de Saint-Germain d'Auxerre, nonce du Pape en Italie et chargé de traiter avec les Visconti les affaires les plus délicates, enfin abbé de Saint-Victor de Marseille. C'est en 1361 (1) que cette dernière promotion le mettait en relation avec les Marseillais, et donnait naissance à un attachement réciproque que rien ne devait altérer, et dont nous recueillerons les preuves nombreuses, même après que l'abbé de Saint-Victor aura été élevé au Souverain Pontificat.

Guillaume ne tarda pas long temps à se rendre au poste qui lui était confié. Ce n'était point un étranger qui venait prendre possession d'un bénéfice ambitionné et gouverner des hommes jusqu'alors inconnus. Il nous apprend lui-même (2), de manière à n'en pouvoir douter, qu'il était venu à Saint-Victor dans sa jeunesse pour y faire sa profession religieuse et se former à la discipline monastique. Il y revenait après de longues années employées au service de l'Eglise, et placé désormais au premier rang, il pouvait espérer qu'il lui serait permis de consacrer toutes ses forces à la restauration de l'illustre Abbaye.

Hélas, dans quel triste état il trouvait son monastère ! Un acte contemporain, fait peu après le temps où Guillaume de Grimoard avait dû partir pour achever ses études de droit, nous en donne la description suivante : « Les antiques constructions, « autrefois si remarquables, offraient un aspect déplorable et « affligeant ; consumées par les vents, les eaux de la mer et leur « propre vieillesse, elles étaient un danger pour ceux qui les « habitaient, et menaçaient de tomber sur eux ; une partie « était déjà par terre, et ces brèches rendaient la clôture impos- « sible et exposaient à toute sorte de dangers ; le clocher était « dans un tel délabrement que la plupart des cloches avaient dû « être descendues et gisaient muettes par terre ; le chœur était

(1) Arch. de S. Victor. Dioc. d'Aix. n. 61 etc.
(2) Bulle *Romanus Pontifex*, du 2 janvier 1363.

« insuffisant et hors de service; les dortoirs inhabitables, l'été
« aussi bien que l'hiver. » (1).

Telle était la situation de l'abbaye de Saint-Victor, vingt-
cinq ans avant l'installation de Guillaume de Grimoard; et il y a
tout lieu de croire qu'au lieu de s'améliorer du temps des trois
abbés qui le précédèrent, elle n'avait fait qu'empirer : Gilbert
de Cantobrio, promu bientôt à l'évêché de Rodez, n'avait pas
eu le temps de réparer ces ruines; Amalvin de Roquelaure et
Etienne de Clapiers n'avaient pas observé très-exactement la
loi de la résidence. Aussi lisons-nous en termes exprès dans la
vie d'Urbain V, que, lorsqu'il prit possession de son abbaye,
l'édifice croulait sous sa vétusté, et menaçait ruine de toute
part (2). C'est dans de pareilles circonstances qu'il fit sa rentrée
dans la maison qui avait abrité sa jeunesse, et où il croyait,
selon sa touchante expression, avoir enfin trouvé un refuge
définitif contre les naufrages de ce monde, à côté de ce port
maritime si célèbre dans l'univers entier (3).

Il y tint son chapitre général le 10 mai 1362 (4), et nous regrettons beaucoup de n'en connaître les décisions qu'en partie :
par elles nous pourrions nous rendre compte des premières
mesures qui furent prises pour remédier au mal. Bientôt, pour
mûrir loin du tumulte les projets qu'il nourrissait pour la réno-
vation de son monastère, il se retira dans son château d'Auriol (5). Il s'y trouvait le 10 juin de la même année, lorsque l'on
reçut à Marseille la première nouvelle d'un événement qui
allait le rejeter de nouveau dans le maniement des grandes
affaires, et mettre fin inopinément, par son élévation au rang
suprême, à une position aimée dans laquelle il semblait devoir
passer toute sa vie.

(1) Chapitre gén. du 18 mars 1337, sous l'Abbé Gilbert.
(2) Baluze. Vitæ Pap. Aven. tom. 1. p. 376 1ª *Vita Urbani V.*
(3) Bulle *Romanus Pontifex.*
(4) Arch. de S. V. Mars. n. 592. 1305.
(5) Délib. du 10 juin 1362.

Le roi Louis venait de mourir à Naples le 25 mai 1362 ; dès qu'il en fut informé, le Conseil de la ville de Marseille décida de faire célébrer, dans l'église des Frères Mineurs, un service solennel pour le repos de son âme, et envoya à Auriol Antoine Casse, l'un de ses membres, prier l'abbé de Saint-Victor de venir y assister (1). Il est fort douteux que l'Abbé ait pu se rendre à l'invitation de la ville, car le pape Innocent VI, comprenant les graves conséquences que pouvait avoir la mort du roi de Naples, avait mandé immédiatement auprès de lui son ancien nonce en Italie, et l'avait de nouveau revêtu du même titre pour l'envoyer vers la reine Jeanne. Le 27 juin, l'abbé de Saint-Victor était de retour d'Avignon après avoir reçu ses instructions ; il avait traversé rapidement le diocèse de Marseille, où il ne séjourna que deux jours, et se trouvait déjà à Artacelle, près de Brignoles, d'où il datait une lettre à l'évêque de Marseille (2). Des ordres postérieurs durent retarder sa marche, d'abord si rapide, s'il est vrai qu'au mois de septembre il était à peine arrivé à Florence, et qu'il y apprit la mort du Pape (3). D'ailleurs son voyage devait être de courte durée, et à peine était-il parvenu au lieu de sa destination, qu'une nouvelle surprenante et inattendue le faisait revenir promptement sur ses pas.

Innocent VI était descendu au tombeau ; les cardinaux ne pouvant se mettre d'accord pour lui choisir dans leur sein un successeur, avaient jeté les yeux unanimement sur l'humble abbé de Saint-Victor, sur le nonce de Naples, et l'avaient élu à la Papauté. Mais dans la crainte que les Italiens ne voulussent retenir de force le nouveau Pape, et ramener ainsi à Rome le

(1) Ruffi se trompe lorsqu'il dit, t. 1. p. 198, que les Marseillais prièrent l'abbé de S. Victor *de faire l'oraison funèbre* (du roi Louis), et d'y assister *avec tous ses religieux.* C'est l'évêque de Marseille qui fut prié de faire l'éloge funèbre : *Item dni sindici vadant ad dnm Massiliensem episcopum, supplicaturi ut in die cantaris debeat sermonem facere.* Délib. du 10 juin 1362.

(2) Livre Vert de l'évêché de Marseille.

(3) Math. Villani.

Saint-Siége qui en était exilé depuis si longtemps, ils eurent soin de tenir secrète l'élection qu'ils venaient de faire, et envoyèrent, en toute hâte, à Guillaume de Grimoard l'ordre de retourner sans retard auprès d'eux. Les envoyés du Sacré Collège, incertains sur l'endroit où ils pourraient le rencontrer, durent suivre ses traces dans tous les lieux qu'il avait traversés, et ne purent le rejoindre qu'au terme de son voyage (1). Abandonnant aussitôt une mission désormais terminée pour lui, il reprit le chemin d'Avignon, et c'est de Marseille même, où il aborda le 28 octobre (2), qu'il envoya, non sans hésitation, son consentement aux Cardinaux. Le 31 il fit son entrée dans Avignon; le 6 novembre il fut consacré sous le nom d'Urbain V: il avait alors 53 ans (3).

Son exaltation fut regardée comme un prodige et le résultat d'une inspiration divine; on ne pouvait concevoir que vingt puissants cardinaux n'eussent trouvé personne parmi eux capable de succéder à Innocent VI, et eussent dû tourner leurs regards sur un pauvre abbé Bénédictin pour le mettre sur la chaire de saint Pierre. Rien d'aussi étonnant n'était arrivé depuis l'élection de saint Célestin V; c'est Dieu qui l'a voulu, disait-on, c'est lui qui a tout fait, les hommes n'y sont pour rien. Du bout de l'Italie, Pétrarque, si peu prévenu en faveur des Papes français, se fit l'écho de l'étonnement et de la joie de tous; il écrivait à Urbain V: « Que personne ne vous « trompe, Père très-sage, que personne ne réussisse à vous « persuader qu'aucun de vos Cardinaux ait jamais pensé à vous « faire Pape; celui qui chercherait à vous le faire croire, vous

(1) On dit généralement que l'abbé de S. Victor n'eut pas le temps d'arriver jusqu'à Naples; son nouvel historien veut qu'il n'ait pas dépassé le Mont-Cassin. Les termes dont le pape Urbain V se sert en écrivant à la reine Jeanne nous prouvent qu'il est allé à Naples, qu'il a vu la reine et l'a entretenue des objets de sa mission. Bulle *Meminimus quod anno præterito*, du 22 avril 1363.

(2) Baluze. I. p. 399, 2ª *vita*.

(3) Procès de Can. f. 6.

» mentirait. C'est Dieu, bien certainement, c'est Dieu seul qui
« vous a élu, et non les hommes; mais il s'est servi de ceux
« qui étaient disposés à autre chose, et il les a amenés à ses
« desseins, il leur a fait vouloir ce qu'il voulait lui-même.
« Qu'importe ce que se proposaient les hommes; Dieu vous a
« voulu, et a repoussé tout autre; et lorsqu'au lieu de ces princes
« revêtus de la pourpre, on a entendu retentir le nom de l'abbé
« de Marseille, la douleur et l'effroi se sont emparés des mé-
« chants, les bons ont été remplis de joie et d'espérance, par-
« tout ont éclaté l'étonnement et l'admiration, et tous d'une
« commune voix ont chanté les louanges du Dieu qui fait seul
« les grandes merveilles (1). »

De tout côté les félicitations arrivaient au nouveau Pontife;
bientôt plusieurs rois vinrent en personne lui offrir le tribut
de leur vénération. Les Marseillais ne furent pas les derniers à
présenter leurs hommages: ce grand événement les touchait de
plus près que les autres et faisait rejaillir sur leur cité une gloire
nouvelle. Jamais aucun de leurs concitoyens n'était parvenu à
la Papauté; et voilà qu'un Marseillais de cœur, sinon de naissance, atteignait ce comble des honneurs. La ville se devait à
elle-même de complimenter, des premières, son fils d'adoption;
elle ne put le faire le 28 octobre, quand il était dans ses murs,
car le secret n'était point divulgué; mais dès le 3 novembre,
avant même que le Pape fût consacré, elle se mit en mesure de
s'acquitter de son devoir. Ce jour-là le syndic Jean de Vaquières
fit la proposition au conseil de ville de députer à Avignon *deux
ambassadeurs solennels*, et n'oubliant pas ses intérêts de famille, il obtint que les envoyés, Guillaume de Saint-Gilles et
Jean Casse, recommanderaient au Pape son frère Jacques de
Vaquières, moine de Saint-Victor, jadis son vicaire-général (2).

Le 12 novembre, une nouvelle ambassade est choisie; il s'a-
gissait d'affaires graves, et le conseil élut deux de ses princi-

(1) Senil, l. VII. *Epist. unica.*
(2) Délib. du 3 nov. 1362.

paux membres, Giraud Eméric, précenteur de l'Eglise cathédrale, et Etienne de Brandis. Ils avaient pour mission de mettre
fin à une longue et pénible discussion qui s'était élevée entre la
ville et la Chambre apostolique, et avait causé de grands embarras et de très-vifs ennuis. La commune de Marseille, souvent à
bout d'argent et de provisions, avait un jour mis la main sur
des navires chargés de blé pour la Pagnotte, ou soit l'Aumônerie du Pape. Grand émoi à la cour d'Avignon, et grande ir-
ritation contre l'audace des Marseillais, qui ne respectaient pas
même ce qui appartenait au Souverain Pontife, et était destiné
au soulagement des malheureux. Le trésorier pontifical fit ses
réclamations en termes sévères; il demandait la restitution du
blé volé, et des dommages-intérêts; on ne parvint pas à s'entendre. Le Pape fit entendre sa voix et ses menaces: excommunication, interdit de la cité, les Marseillais avaient tout à craindre. L'affaire traîna pendant de longs mois, sans pouvoir être
arrangée; elle s'envenimait toujours plus, et semblait devoir
aboutir à un dénoûment fâcheux.

Les Marseillais, qui sentaient leurs torts et ne savaient comment les réparer, faute d'argent, étaient dans la plus grande
inquiétude; la mort d'Innocent VI vint fort à propos les tirer
d'embarras, et l'élection d'Urbain V leur donna lieu de tout espérer. Avec un Pape comme celui-là, il n'y avait plus rien à
craindre, et il allait être facile de se mettre d'accord. Les ambassadeurs arrivèrent à Avignon le vendredi 9 décembre, et ils
furent aussitôt admis à l'audience du Pape. Il n'y avait qu'un
mois qu'il avait été intronisé, et le poids des affaires était acca-
blant; mais comment l'ancien abbé de Saint-Victor aurait-il pu
ne pas être accessible à ses amis les Marseillais? Le jour même
de leur arrivée, sans le moindre retard, toutes les portes s'ou-
vrirent devant eux, et il reçurent un accueil qui dépassa tout
ce qu'ils pouvaient raisonnablement attendre.

A peine se furent-ils prosternés aux pieds du Souverain Pontife, et eurent-ils fait agréer les hommages de la ville, qu'il

leur fut permis d'exposer en détail leur grande affaire, et ils furent écoutés avec une patience infinie et la plus grande bonté. « J'aime votre ville, dit le Pape, après avoir donné en leur personne sa bénédiction à toute la cité, j'aime vos concitoyens, clercs et laïques, je les porte tous dans mon cœur, et je ferai tout pour leur être agréable. Je ne veux pas que la Chambre réclame autre chose que le prix de ce qui lui appartenait ; il ne sera plus question d'intérêts, ni de dommages, j'en fais quitte ; les frais que vous avez payés seront défalqués de la dette ; et quant à la somme que vous devrez verser, on vous donnera tout le temps dont vous aurez besoin. Dites à la ville de Marseille qu'il ne sera point porté d'interdit contre elle, je vous le garantis ; et si quelques-uns ont encouru l'excommunication, je suis prêt à les en relever (1). »

Heureux d'une solution si favorable, les envoyés se hâtèrent de venir rendre compte de leur mission, et le 13 décembre ils se présentaient au Conseil. Qu'on juge de la joie avec laquelle furent reçues de si bonnes nouvelles ! L'assemblée ratifia ce qu'avaient fait ses délégués, et ainsi fut terminée au grand contentement de tous une affaire qui semblait perdue.

Ce ne fut pas la seule fois que les Marseillais recoururent au Pape ; en parcourant ce qui nous reste des délibérations municipales, on les voit à chaque instant députer après de lui pour des questions de tout genre : demandes de grâces, recommandations pour toute sorte de personnes, pétitions pour des dignités et des prélatures en faveur des amis de la ville, réclamations contre le Sénéchal et contre ceux qui lèsent les droits et les libertés de la cité, avec prière d'intervenir efficacement auprès de la Reine ; c'est une suite non interrompue d'ambassades. Et le Pape accueille tout avec la même bonté, et accorde tout ce qui est en son pouvoir, toujours pour le même motif, l'amour et l'attachement qu'il a pour la ville de Marseille. Sou-

(1) Délib. du 13 déc. 1362.

vent même il prévient les demandes : il lui fait don de deux
galères (1), il lui prête huit mille florins pour nettoyer le port
qui était dans un état affreux (2). La ville à son tour, sachant
qu'il a besoin de troupes, lui envoie une compagnie de cent ar-
chers, sous le commandement de Pierre de Lingris (3).

Elle tenait beaucoup à obtenir un privilège connu sous le
titre *De non extrahendo*, qui exemptât ses habitants de l'ennui
d'être cités devant des tribunaux étrangers, privilège bien im-
portant pour des hommes de commerce dont le temps est précieux. Elle l'obtint, et le Pape lui adressa la lettre suivante :

» Urbain, évêque, serviteur des serviteurs de Dieu, à nos chers
fils le Viguier, le conseil et la communauté de Marseille, salut
et bénédiction apostolique.

L'affection sincère et dévouée que vous avez pour nous et
pour l'Eglise Romaine mérite que nous répondions favorable-
ment, quand c'est en notre pouvoir, à toutes vos demandes,
surtout en ce qui concerne votre tranquillité. Vous nous
avez fait représenter que quelques-uns de vos concitoyens, sous
prétexte de lettres apostoliques, sont bien des fois cités en des
lieux fort éloignés de votre ville, ce qui leur occasionne de
grands dommages, des dépenses extraordinaires et de pénibles
fatigues. C'est pourquoi vous nous suppliez d'apporter à cet
état de choses un remède opportun. Ayant donc égard à vos
prières, nous vous accordons par l'autorité des présentes lettres,
qu'aucun citoyen de votre ville ne puisse, même en vertu de
bulles apostoliques, à moins qu'elles ne fassent mention mot à
mot de celle-ci, être cité ou traduit hors la ville ou le diocèse
de Marseille, pourvu qu'il soit prêt à comparaître dans la ville
ou le diocèse, devant le juge compétent qui aura reçu des plain-
tes contre lui. Et tout ce qui serait attenté contre la teneur de
cet indult, sciemment ou par ignorance, par qui que ce soit,

(1) Délib. du 18 mars et du 11 déc. 1365.
(2) Délib. du 21 mars 1366.
(3) Délib. du 11 nov. 1365.

nous le déclarons nul et sans effet. Les présentes vaudront pour trois ans. Donné à Avignon, le 4 des Nones d'août, l'an 2⁰ de notre pontificat, (2 août 1364).»

C'est ainsi que les rapports les plus affectueux régnaient entre le Souverain Pontife et la ville de Marseille, et des deux côtés on cherchait l'occasion de s'en donner des témoignages. Un lien existait qui resserrait l'union et la rendait plus intime. Urbain V, monté sur le trône de Saint-Pierre, n'avait pu se résoudre à cesser d'être abbé de Saint-Victor, et ne pouvant plus en porter le titre, il n'avait pas voulu qu'un autre en fût revêtu. Son cœur s'était attaché à cet humble nid où il avait pris naissance à la vie religieuse, et il lui semblait que le déchirement aurait été trop grand s'il n'avait trompé son affection en se regardant toujours comme abbé de Marseille, et en continuant à porter l'habit de son ordre. Cependant il fallait pourvoir au gouvernement de sa chère abbaye, et la faire profiter de l'élévation inouïe de son chef: ce fut une des premières affaires dont il s'occupa, et il y pourvut dans le premier mois de son pontificat.

Il jeta les yeux sur Guillaume de l'Orme, moine de Saint-Victor, licencié en droit canonique, et prieur de Chirac (1), et l'envoya tenir sa place et commander en son nom. Guillaume arriva à Marseille avant Noël, porteur d'une bulle du 3 décembre 1362, qui l'établissait vicaire-général et procureur du Pape ; le conseil de la ville s'empressa de lui aller faire ses félicitations (2). Au commencement de Janvier suivant, c'était Bernard de Saint-Étienne, le parent du Pape, son secrétaire, son ancien vicaire-général, qui arrivait à son tour (3). Le rapprochement des dates nous indique clairement qu'il était envoyé pour apporter à Saint-Victor la bulle d'exemption qu'Urbain venait de donner en sa faveur le 2 Janvier 1363. La venue si rapprochée

(1) Bulle *Religionis zelus*, du 3 déc. 1362.
(2) Délib. du 23 déc. 1362.
(3) Délib. du 11 Janvier 1362 (63). *Bernardus de Sto-Stephano, affinis dni nostri Papœ noviter venit ad hanc civitatem.*

de deux hommes si considérables, témoigne assez de l'incessante sollicitude qu'il portait à son monastère. Plusieurs projets l'occupaient à la fois, et tandis qu'il cherchait à rétablir l'observance régulière et à procurer le bien spirituel de ses religieux, il formait de grands desseins pour donner un vaste développement aux études, et il voulait relever la vénérable abbaye de ses ruines matérielles et lui redonner son ancien lustre. Son énergique volonté lui fit mettre la main à toutes ces choses en même temps, et tandis qu'il construisait une église et un collége à Montpellier, pour y établir les étudiants, il bâtissait à Marseille pour restaurer, embellir et fortifier Saint-Victor.

Ceux qui ont visité avec attention la basilique de Saint-Victor, seul reste de l'immense abbaye, s'aperçoivent aisément que plusieurs siècles ont coopéré à son édification. Sans parler de l'église inférieure, où se retrouvent les traces des premiers temps, le porche actuel et sa tour sont évidemment un reste de l'église de saint Isarn, consacrée en 1040 par le pape Benoît IX; les nefs, pour la plus grande partie, datent de la reconstruction due aux soins du B. Hugues, au 13ᵉ siècle. Il paraît qu'on y avait ajouté au 14ᵉ un chevet insignifiant, et un appendice sans mérite artistique, qu'on appelait l'église neuve. Pour commencer par la maison de Dieu son travail de restauration, le Pape ordonna de jeter à bas ces bâtisses sans valeur, et d'élever à la place un abside magnifique et une forte tour (1).

L'exécution de ces ordres ne se fit pas attendre; pour ne pas interrompre le culte divin, on laissa passer la fête de Pâques, qui en 1363 tombait le 2 avril; mais peu après, les démolitions étaient en train, le maître-autel enlevé de sa place laissait voir les reliques qu'il contenait, et par suite on ouvrit le lundi de Pentecôte, 22 mai 1363, la grande châsse où étaient renfermés les ossements des saints qui faisaient la richesse de l'abbaye.

(1) *D. N. Papa mandaverat... quod de novo ædificaretur novum et pulchrum caput cum turri fortissimâ.* Arch. de S. V. Registre 23 quater. — 22 mai 1363.

Bientôt les constructions commencèrent et furent poussées activement; elles reprirent avec une nouvelle ardeur au commencement de l'année 1364 , et le 8 janvier deux grands industriels de Marseille s'engageaient à fournir 15000 émines de chaux , au prix de 7 sous royaux l'émine; tout devait être livré sur place, auprès de l'église , avant Pâques de 1365 (1).

Urbain V avait rencontré un homme capable de seconder ses desseins : c'était Pons de l'Orme, cellerier de Saint-Victor, le parent, peut-être le frère de Guillaume de l'Orme; c'est lui qui en qualité de vice-vicaire avait passé le contrat que nous venons de mentionner. Le Pape jugea à propos de lui confier la direction des travaux; il fit Guillaume prieur de N.-D.-de-la-Daurade, à Toulouse, et donna à Pons son titre de vicaire-général. Ces deux hommes étaient chers au cœur du Pontife; il connaissait depuis longtemps le premier, qui comme lui avait été grand-vicaire de Clermont , il avait trouvé le second à Saint-Victor où il remplissait une charge importante; celui-là était plus savant, celui-ci plus actif, mais tous les deux étaient d'un dévouement éprouvé. Il n'oublia ni l'un ni l'autre : Guillaume devint abbé de Saint-Illide de Clermont, puis de la Chaise-Dieu (2); Pons fut plus tard abbé de Mont-Majour et ensuite de Saint-Victor (3).

Dès que Pons de l'Orme eût été chargé de veiller aux travaux commencés, il leur donna une impulsion plus rapide ; le Pape avait manifesté ses intentions, et ne voulait pas laisser traîner les choses en longueur. Il fut bien servi sous ce rapport, car voici ce qui fut fait en deux ans : les transepts furent remaniés et l'abside bâti à neuf; au-dessus du chevet s'éleva un grand campanile, ou plutôt une immense tour à plusieurs étages, où

(1) Arch. de S. V. Mars. n. 163.
(2) Gallia Christ. T. 2 et 13. Baluze t. 1133.
(3) Pons de l'Orme était cellerier de Saint-Victor le 30 sept. 1356, prieur de Calas, puis de Grimaud en 1361, de S. Zacharie en 1362, d'Ispagnac en 1364, vicaire gén. de l'Abbaye le 13 fév. 1364, abbé de Montmajour le 27 septembre 1368, de Saint-Victor le 25 janvier 1380; il mourut en 1382. *Arch. de S. V. et Regeste d'Urbain V.*

purent être placées plus de vingt cloches (1). De plus, à cause
des guerres qui désolaient si fréquemment nos contrées, tout
le circuit du monastère qui était très-étendu, fut entouré de
murs épais et garni de hautes tours, de manière que l'Abbaye
devint un château-fort et fut mise à l'abri des incursions des
ennemis (2).

Dans cet intervalle, un changement était survenu dans le
gouvernement de Saint-Victor. Le Pape qui avait retenu jusqu'alors l'Abbaye sous son pouvoir immédiat, afin d'y opérer
sans obstacle toutes les améliorations désirables, fut amené
par les circonstances à modifier son projet. Il avait résolu d'envoyer en Italie, pour les affaires de l'Eglise, Etienne Aubert,
abbé de Saint-Illide, et neveu d'Innocent VI ; par une attention
délicate, il voulut que le nouveau nonce fut revêtu du même
titre qu'il avait porté lui-même lors de sa légation à Naples. Il
rendait ainsi à la famille de son prédécesseur le bienfait qu'il en
avait reçu, il honorait son abbaye dont le nom allait encore
retentir dans ces pays lointains, et il pouvait en quelque sorte
regarder cette mission comme une continuation de la sienne, si
inopinément interrompue par son élection. Il nomma donc
Etienne Aubert, abbé de Saint-Victor, aux environs de Pâques
1361 (3); mais cette nomination ne changea rien dans la posi-

(1) La grande tour de Saint-Victor, que l'on a voulu placer en divers endroits, était évidemment au-dessus de l'abside, *caput cum turri fortissima*;
les énormes contreforts dont il est flanqué et l'épaisseur prodigieuse de ses
murailles, indiquent assez quel poids il eut à porter ; d'ailleurs il en reste
encore une partie, probablement une salle d'armes, autrefois voutée, et gar-
nie de meurtrières, que l'on peut voir sur la voute de l'Abside : par dessus
s'élevaient les étages de la tour. Les cloches étaient, partie dans la tour,
partie dans les extrémités crénelées des transepts, partie dans un mur
transversal, encore debout, en avant de la tour. Celle-ci fut démolie, dit-on,
quand on construisit le fort Saint-Nicolas; on en trouve un dessin dans
Mérian ; M. Kothen l'a reproduit sur le frontispice de son ouvrage *Notice
sur les cryptes de Saint-Victor*, 1861.

(2) *Fecit ipsum monasterium incastellari et in fortalitium redigi.* Procès
de Can. f. 18.

(3) Bulle *Sinceræ devotionis* du 22 avril 1361. *Stephano Abbati Mon. S.
Victoris... de cujus persona monasterio S. Victoris nuper providimus.* Etienne
était encore abbé de S. Illide ou Allyre, de Clermont, le 11 février 1361.
bulle *De tuis fide sincera*, etc.

tion de Pons ; car Étienne, après sa prise de possession, partit immédiatement pour l'Italie, et le vicaire-général reçut le renouvellement de ses pouvoirs (1).

Cependant les travaux entrepris à Saint-Victor étaient, sauf une partie des fortifications, sur le point d'être achevés vers le milieu de 1365, et le Pape se préparait à venir les visiter; mais il voulut se faire précéder par de nouvelles marques de sa munificence, et par des témoignages éclatants de sa piété envers les Saints de son Abbaye. Il envoya à Marseille une châsse magnifique destinée à recevoir la tête de saint Victor. Elle était en or et en argent, parsemée de pierres précieuses, et valait plus de 4000 florins (2). A la première nouvelle que le conseil de la ville reçut de cet envoi, il nomma plusieurs de ses membres pour organiser une grande manifestation en l'honneur du saint protecteur de la cité (3).

La châsse arriva le samedi 14 juin, et fut déposée dans l'église de Saint-Louis des Frères mineurs. Les fêtes préparées pour sa translation eurent lieu avec beaucoup de solennité; les étendards de la cité et des diverses corporations flottaient sur les murailles de la ville, en face de Saint-Louis; tout le clergé, les corps réguliers, toutes les confréries allèrent prendre la relique, qui, portée par les hommes les plus honorables à travers les rues de Marseille, fut conduite en grande pompe jusqu'à Saint-Victor. L'affluence était prodigieuse : défense avait été faite par le Viguier de travailler, *sous une peine formidable.*

(1) Bulle *Religionis zelus* du 27 mai 1364.

(2) D'après Ruffi (t. II. p. 120) la châsse de saint Victor pesait environ 7 quintaux et demi; Guesnay en évalue le poids à plus de 500 livres (Cass. ill. 173); voici de quoi elle se composait : La tête et le pied de St-Victor, d'argent doré, 1 quintal et 15 livres ; deux anges avec leurs ailes d'argent, 38 livres ; deux pièces placées entre le pied et la tête, avec une bandelette d'argent doré, 32 liv.; la tête contenant les reliques, *le bonnet* d'argent doré, avec un améthiste; un collier de perles et de pierres précieuses, 25 liv.; six lions d'argent doré, dont trois ailés et trois sans ailes, 21 liv.; au collier, 81 pierres; le pectoral 2 livres et demie avec beaucoup de pierres précieuses. *Inventaire des Rel.* 30 juin 1521. *Cass. Illustr.* 480.

(3) Délib. des 22 avril. 21 mai, 9 juin 1365.

Il est à présumer que le Pape donna à la même époque à l'Abbaye une autre châsse d'argent pour y déposer la tête de saint Cassien, son fondateur : nous allons la voir en effet figurer à la procession du mois d'octobre.

Ces fêtes n'étaient que le prélude d'autres plus grandes dont Marseille devait être témoin cette même année. Quand il sut que les ordres donnés pour l'agrandissement et l'embellissement de la basilique de Saint-Victor avaient été exécutés, Urbain V annonça ouvertement le dessein qu'il avait de venir en personne l'inaugurer. Deux motifs puissants l'y engageaient : d'abord il voulait satisfaire sa dévotion envers les saints dont il avait été autrefois le gardien, montrer l'affection qu'il avait conservée pour son abbaye, voir de ses propres yeux ce qui y avait été fait, et consacrer le grand-autel de la nouvelle église. Mais il était aussi attiré par son attachement pour le peuple Marseillais qu'il aimait vivement ; il tenait à le visiter, à lui apporter ses bénédictions les plus abondantes, et à marquer son passage au milieu de lui par tous les bienfaits qu'il serait en son pouvoir de lui accorder.

Lorsque le conseil général de la ville eût connaissance de la prochaine arrivée du Pape, il résolut de ne rien épargner pour le recevoir avec tout l'éclat et toute la solennité imaginable. Six commissaires furent choisis pour arrêter toutes les dispositions nécessaires, et présenter un programme digne de la ville et de son visiteur. C'étaient Guillaume de Montolieu, Bernard de Boniface, Raymond de Laureis, Guillaume de Saint-Gilles, Bérenger Montagne, et Jacques Messerie. Le 18 août 1365 le Viguier, les syndics et les conseillers se réunirent pour entendre le rapport de Guillaume de Montolieu et modifier, s'il y avait lieu, les propositions qui lui étaient soumises. Rien de plus naïf que les articles apportés au conseil par sa commission : c'est un curieux mélange de règlements de police et de voirie, de démonstrations religieuses, de réjouissances civiles, et de demandes à présenter au Pape. Divers ajouts y furent introduits, et il en résulta un ensemble de mesures qui devait donner à Marseille le spectacle le plus imposant qu'il fût possible de concevoir, et procurer au Souverain Pontife la réception la plus solennelle et la plus touchante.

D'abord on suspendit, pour tout le temps que le Pape passerait dans nos murs, toutes représailles, marques et saisies, de manière que tous sans exception pûssent venir prendre part aux fêtes en toute sécurité. Et comme l'immense affluence des étrangers pouvait amener des désordres, on organisa une garde armée de 50 hommes, chargés de maintenir la tranquillité. Des ordres furent donnés pour que d'abondantes provisions fussent préparées, afin que toutes ces foules n'éprouvassent point d'embarras pour leur nourriture, leur logement, et tout ce qui leur serait nécessaire; défense expresse était faite de profiter du nombre des étrangers pour augmenter le prix des objets de première nécessité. Les ruisseaux qui coulaient sous les murs, et rendaient les abords des portes difficiles à franchir, furent couverts et le passage applani et rendu aisé; les rues par où devait passer le cortége furent nettoyées soigneusement, et les habitants invités à tapisser leurs maisons le plus richement possible.

Malgré la pénurie de la caisse municipale, la ville se mit en frais, et décida l'acquisition *d'un noble dais* que devaient porter sur la tête du Pape les plus considérés de ses fonctionnaires. Cet article nous autorise à penser qu'elle ne s'était pas trouvée en fonds lors de la translation de la châsse de saint Victor, au mois de juin, et qu'elle n'avait pu faire l'acquisition alors votée, d'un dais convenable et orné des armoiries de la commune (1). Pour diminuer un peu ses dépenses, tout en ajoutant à la solennité de la fête, elle fit appel à des hommes de bonne volonté et les invita à se vêtir à leurs frais de robes uniformes de laine ou

____

(1) *Expediens esset quod unum pallium emeretur honorabile et armigeratum de armis universitatis Massiliæ.* Délib. du 11 mai 1365.

de soie, qu'ils porteraient durant la cérémonie, et qu'ils donneraient ensuite aux serviteurs du Pontife. L'amour de l'uniformité fut poussé plus loin : on ordonna que les habits que les citoyens feraient faire à cette occasion seraient d'étoffes de deux couleurs différentes; ils devaient être blancs du côté droit, et rouges du côté gauche. Enfin l'on désigna les principaux habitants de la ville qui devaient figurer à l'entrée du Pape et y occuper les places d'honneur; il fut décrété qu'aucune des personnes appelées à remplir quelque fonction, n'y serait admise sans le costume officiel.

Cependant on n'oublia pas que celui que l'on attendait était le Pape, et que sa réception devait conserver un caractère religieux. L'évêque de Marseille, alors absent, fut prié de revenir sans retard pour régler la procession, convoquer le clergé, et tracer la marche que l'on suivrait; les diverses confréries devaient s'y rendre, et l'on porterait les grandes reliques de la cité. Le siége épiscopal de Marseille était alors occupé par Guillaume Sudre (1), Dominicain, d'abord Docteur en Théologie et Provincial de Toulouse, et puis maître des écoles du palais apostolique. C'était un ami de Guillaume de Grimoard, qu'il avait connu pendant son long séjour à la cour d'Avignon; celui-ci lui donna bientôt la preuve de son attachement, en le comprenant dans sa première création de cardinaux. Guillaume Sudre avait quitté Marseille au mois de mai 1365, pour assister au concile d'Apt; il s'était probablement rendu de là à Avignon ; il revint dans sa ville épiscopale, afin de disposer toutes choses pour l'entrée d'Urbain V.

Telles furent les principales dispositions adoptées pour recevoir convenablement le Pape. Mais nous ne voulons pas nous contenter de ce court résumé, et nous croyons être agréables à

_____

(1) Guillaume Sudre fut nommé évêque de Marseille le 26 août 1361 (Livre Verd. f. 115), et non en 1364, comme le dit Baluze (I. 991). Il fut fait le 18 septembre 1366 cardinal prêtre du titre des SS. Jean et Paul, devint évêque d'Ostie en 1367, et mourut à Avignon le 28 sept. 1373.

nós lecteurs en mettant sous leurs yeux en entier le texte original du programme arrêté par le conseil. Il pourra, nous l'espérons, être compris, sans qu'il soit besoin de le traduire intégralement, et nous nous contentons d'éclaircir les passages dont l'interprétation peut offrir quelques difficultés.

RAPPORT DE GUILLAUME DE MONTOLIEU (1)

POUR LA RÉCEPTION D'URBAIN V.

In nomine Dni. N. J. C. amen. Anno M.CCCLXV. *die* XVIII. *Augufti, Confilium. Fuit facta relatio fubfcripta per Dnm. G. de Monteolivo fuo nomine, & fociorum fuorum.*

Aquellas cauzas que s'enfegon fon neceffarias a reception de noftre fenhor lo Papa, juxfta la provi

(1) Nous donnons le rapport de Guillaume de Montolieu, tel que nous le trouvons dans le regiftre des délibérations municipales ; nous en reproduifons fcrupuleufement l'orthographe, même avec fes variétés. Voici ce que nous nous fommes permis pour rendre ce texte plus intelligible : nous avons rempli les abbréviations, mis la ponctuation, les apoftrophes, les traits d'union, uni quelques mots coupés en deux & féparé quelques autres qui étaient amalgamés enfemble. Tout ce qui eft en *italiques* n'appartient pas à la rédaction primitive & a dû être ajouté par le confeil, lors de la difcuffion : on le reconnaît aifément à l'écriture et à la couleur de l'encre.

dentia dels ſenhors elegitz per mon ſenhor lo Viguier e'l Conſelh a-z-aqueſtas cauzas, retenguda las ordenacions e reparation dels digs mon ſenhor lo Viguier e'l Conſelh.

E premieramens que ſia notiſſicat a mon ſenhor l'uſſicial (1) qu'el deia far aſſaber a mon ſenhor l'Eveſque de Maſſelha (2) la venguda de noſtre ſenhor lo Papa, notiſſicant li que de part mon ſenhor lo Viguier e'l conſelh, ſi pregan e ſi ſoplegan a-z-el que breumens a la cieutat de Maſſ. deia venir, per azordenar ſobre la reception de noſtre ſenhor lo Papa, las proceſſions, els clergues, els ornamentz, els annamentz proceſſionals.

II. Per aqui meteis que per comandament de mon ſenhor lo Viguier, lo Soviguier, an ſos companhons, ſia acompanhat ſolempnamens e ben, entro a L. en nombre, de bons homes de la vila, loſquals amb' armas annant e tornant per la cieutat, de nueg e de jorn, gardon de ſcandol e de tota brega en la cieutat.

III. Enſeguent, que ſi ſaſſa crida per lo comandament de mon ſenhor lo Viguier, qu'els familhars de noſtre ſenhor lo Papa, e dels ſenhors Cardenals, e dels altres ſenhors Prelatz, ſian totz aculhitz cortezament, e ben, e an tota reverencia, ſotz la pena enpauzadoira per mon ſenhor lo Viguier.

---

(1) Guillaume Sudre, évêque de Marſeille, avait pour oſſicial. le 11 janvier 1365 Raimbaud de Montorſerie, licencié en droit canonique. *Livre verd.* f. 115.

(3) Le nom de la ville eſt toujours écrit en abrégé : *Maſſ.*

IV. Enapres fian elegitz bons homes de la cieutat, que provefifcan que totas aquellas cauzas neceffarias a vida non fian encarzidas, ni fi vendan plus car que aras fan, e que las caufas neceffarias per vida, enaiffins con fon pan, vin, carns, peis, fens, fivadas, lennhas, candelas, oli, huous, fruchas, fi trobi a fufficiencia.

V. Item que fia comandat als peftres e peftoreffas que fian provift de farinas a far pron pan, e fotz pena per mon fenhor lo Viguier enpauzadoira, e aitant con noftre fenhor lo Papa en Maff. eftara, lo pan non fi pezi (1), mais qui volra far lo pan lo faffa, per fo que s'en trobi.

VI. Item que fian elegitz bons homes a provezir de liegs e d'albergaries, lofquals comandon als alberguiers acoftumatz que faffan pron liegs a-z-aculhir aquels que non trobaran hoftalaries; *e-s-aquefto(s) provefifquan lo moneftier de L. liegs emprenptatz per la vila, e fian elegitz dos forries per garda de la rauba.*

VII. Item que fos prezentat a noftre fenhor lo Papa, tant en vin, carns, fens, e fivadas, juxfta la ordenacion del confelh. *(Cet article a été barré, & on a mis :* cancellatum, exfepto vino.)

VIII. Item que fia comandat a totz los pefcadors que deian pefcar & pefcar far, an lurs barcas e retz,

---

(1) Il y avait en temps ordinaire, dans chacun des fixains de la ville, deux pefeurs publics du pain, nommés chaque année par le confeil.

e que peis que fi penra a jorns caremals, enaiflins con es mecres, vendres e fapta, fia prezentat e portat an las barcas lurs, a la plaffa del camp de Sant Victor, prezentador a noftre fenhor lo Papa, *una ves tant folament*, e aqueftas cauzas fian comeffas als confols daquels pefcadors (1).

IX. Item que fian elegitz IIII. a deftrar (2) noftre fenhor lo Papa.

X. Item fian elegitz VI. a portar lo pali fus noftre fenhor lo Papa, e aqueftos e'ls fobredigs fian veftitz dunas raubas de lana o de fendat.

XI. *Item que un noble pali fi aia.*

XII. Item fian elegitz alcuns del confelh que queran per la terra que veftir fi volra per honor de noftre fenhor lo Papa, del fieu, de lana o de fendat, que fian om guanren (3), dunas raubas, lafquals raubas fi deian donar, per honor del Papa e de la cieutat,

---

(1) Les confuls des pêcheurs, ou prud'hommes, étaient en 1365, Jean de Fontaine, Guillaume Audibert, Guillaume Thoefco. *Délib. munic. à la mairie.*

(2) La vraie fignification de ce mot eft indiquée par les paffages fuivants de la vie d'Urbain V : lors de fon entrée à Rome, *Karolus Romanorum Imperator... de fuo equo defcendens ftratoris vicem geffit, ac ufquè ad bafilicam beati Petri* PEDESTER EQUI PAPÆ FRENUM TENENS IPSUM ADEXTRAVIT, *ac demum ufquè ad altare majus deduxit.* Baluze. I. 385. 1ᵉ vita Urbani V. — *Et in introitu Romæ per dum Imperatorem fibi* DESTRATORIS *officium exhibentem.* Procès de Can. f. 15. — *Ivit dictus Imperator... Romam pedefter.* TENENS FRENUM *D. N. Papæ ab unâ parte, & comes Sabaudiæ ab aliâ.* Baluze. II. 771. *Iter Italicum Urbani V.*

(3) Que l'on foit beaucoup, auffi nombreux que poffible?

als fervidors e familha de noftre fenhor lo Papa, jong qu'el fia al moneftier.

XIII. Item que fian elegitz ii. que porton las ban- dieras de madama la Rezina e de la cieutat.

XIV. Item que fian elegitz portadors als caps & als palis de fant Loys, de fant Laizer, de fant Viĉtor, de fant Caffian, e aquels caps fian portatz en las pro- ceffions.

XV. Item que totas las lumenarias de las confrai- rias fian aqui ajuftadas, e de la vila hi aian C. entor- chas, oltra aquellas.

XVI. Item que mon fenhor lo Viguier, an totz los bons homes de la vila, e mon fenhor l'Evefque, an totas las proceffions, fian e acampar fi deian alla gleiza de fant Laizer, de bona hora, e juxfta l'ora que noftre fenhor lo Papa venra, e negun non hiefca a caval a l'encontre de noftre fenhor lo Papa, entro lo fieu retornament.

XVII. Item que noftre fenhor lo Papa intri e intrar deia, an fa companhia, per lo portal de porta Gal- lega, tirant dreg camin ves la Trenitat, en local luec effer deia la badeffa de fanĉta Clara, an fas monegas, aqui cantants, e d'aqui non partan tro que noftre fenhor lo Papa fia paffat, e dada azellas la fieua benediĉtion, e pueis tornon a lur moneftier.

XVIII. Item que noftre fenhor lo Papa partent de la Trenitat vaga dreg camin per la carriera Franceza, (ici étaient les mots fuivants, qui ont été effacés :

res la peira de la mager (1), *el cal luec fian la ba-*
deſſa de Syon an ſon covent, aqui cantants, e d'aqui
non partan) e venga al canton de ſant Tomas, on
ſian la badeſſa de ſant Salvador an ſon covent, cantants, e reſſaupuda la benediction del Papa, tornon
a lur moneſtier.

XIX. Item que partent lo Papa d'aquel canton
vaga dreg camin per la gleiza de Noſtra Donna de las
Acolas, en local luec ſia la badessa de Syon an ſas
monegas, e faſſan con las autras donnas monegas
ſobredichas, e d'aqui partent, a noſtre ſenhor lo Papa
faſſan far lo dreg camin, con feron far al cap de ſant
Victor, an totas las luminarias e proceſſions.

XX. Item que ſian elegitz alcuns homes marinies
loſcals faſſan denejar las carrieras, del portal de porta
Gallega entro ſant Tomas, de fancs e de peiras, e
que cuebran la carriera Franceza tant de velas cant (2)
de barcas, e las paretz totas, aitant con porran,
d'altres azornaments ; *e-s-aqueſtos faſſan aplanar lo*
vallat fora del portal de porta Gallega, que hom
pueſca paſſar a caval ben e plan.

XXI. Item que sian elegitz bons homes a far enpa-

---

(1) *La peira de la Major*, dont il eſt queſtion durant le trajet de
la rue Françaiſe, ne peut être autre choſe que la chapelle de Sainte-
Marie-Magdeleine, aux treize coins, ſi ſouvent déſignée ſous le nom
de *petra imaginis*; qui ſait même ſi l'on n'a pas voulu écrire *peira*
de l'image? (Voir l'intéreſſant opuſcule de M. Bory : *Cantinella*
provençale, p. 36.)

(2) Les mots *tant, cant,* nous ſemblent ſuperflus.

liar (1), mondar carrieras, e levar cuberts aiſſin con
ſon tauliſſas (2), per los luecs per on noſtre ſenhor lo
Papa paſſara, e que cridar faſſan per tota la vila, ſia
encortinat e cubert aquel jorn de bels ornaments,
juſta lo poder de caſcun, e las carrieras mondadas;
*e-s-aqueſtos faſſan adobar e cubrir lo pas de l'intrar
dels vallatʒ de ſancta Catarina, e la terra far gitar
denfra dels caſʒals, per ſo que la carriera daquels
vallatʒ ſia ben plana e larga.*

XXII. Item ſian elegitz fers bons homes que pro-
veſiſcan e provezir faſſan que lings e barcas, o
galoizas, ſi far ſi podra, foſſan armadas aquel jorn,
enramadas (3), enpennonadas (4), e ſi temps es, foſſan
en la plaſſa d'Areng en l'intrament del Papa, regatant
per aqui e menant gran feſta, tro qu'el Papa fos
paſſat de la plaia, e pueis deian venir al port, e per
aqui regatar e menar gran feſta, an lors eſturmens
que aver porran, tro qu'el Papa ſia jong al moneſtier,
e pueis deſarmon.

XXIII. Item que aquels que deſtraran noſtre ſenhor
lo Papa, non obſtant qu'el ſiq deſcendut (5), non lo
deian laiſſar la coza de la ſieua capa, domens que
a-z-el plaſſa, tro que ſia a l'autar, e adoncs comenſon

---

(1) *Enpaliar*, probablement *tenturer*, du mot latin *pallium*.

(2) Mettre des tentes d'un toit à l'autre.

(3) Ornées de rameaux de verdure.

(4) Pavoiſées.

(5) Ceci prouve que le Pape était à cheval.

a donar lurs raubas als familhars, que auran fag per la fella, e els e totz los autres.

XXIV. Item que fia cridat que neguns homs, de cal condition que fia, fotz pena certa, non deia hiffir de foras la cieutat, a neguna-obra afar.

XXV. *Item fian elegitz dos bons homes peyries que adobar faffan los barquils, e curar, que fon davant fant Lois, e far inplir d'ayga per abeurar los cavals, e fian ben eftangs, e negun non hi lavi draps.*

XXVI. Item quant a mon fenhor lo Viguier fera vegeire, e a fon confelh, venir far la reverencia a noftre fenhor lo Papa, deian apellar mon fenhor l'Evefque de Maff., local en nom de mon fenhor lo Viguier e del confelh, prepauzi paraulas fabens gaug de la venguda de noftre fenhor lo Papa, rendent gracias dels joels e de las gracias a-z-aquella cieutat fachas, fupplicant de endulgencia donadoira, e a la fefta de la Cros de May, fi li plas; car aquel temps es plus convenhable a las gents que venir volran.

XXVII. Item que fi fuppliqui per lo dig mon senhor l'Evefque, en nom de la cieutat, a noftre fenhor lo Papa, que li deia plazer de azordenar e comandar que *perpetualment* en lo nombre dels eftudiants a Monpeillier, en lo collegi de nou fazedor per aquella Sanctitat, hi aia cert nombre e determenat de monegues del moneftier de fant Victor, natz en la cieutat de Maff. *Item fupplicetur pro cura portus. Item fiant lampades ardentes de nocte, de duabus domubus in duabus.*

XXVIII. Item que fi fuppliqui per totz aquels, tant reglatz cant feglatz, cant atreffis per aquels que s'aparelhan aver fiencia, fobre la provezion d'aquels, fegon lur fufficiencia.

XXIX. Item que recomandi lo dig mon fenhor l'Evefque, Madama la Rezina, la Cieutat e'ls cieutadans, al dig noftre fenhor lo Papa, ufrent aquels, an lurs bens, a bon plazer de noftre fenhor lo Papa e de la fancta gleiza de Roma, e facha la reverencia a noftre fenhor lo Papa, la faffan al fraire, mon fenhor d'Avignon, e'ls fenhors Cardenals, e a totz los autres prelatz, fegon que lur fera vegeire.

Las cauzas que en las ordenacions fobredichas fupplea lo confelh (1).

Ces derniers mots étaient mis là pour ouvrir la série des additions que l'on pourrait faire au rapport ; mais le secrétaire suivit une autre méthode. Il écrivit à leur place, dans le projet primitif, les changements et les nouveaux articles adoptés, que nous avons distingués par des caractères différents, et, conservant la minute autographe de Guillaume de Montolieu, il l'inséra dans le registre municipal, où nous la trouvons encore. Quelques points qui demandaient plus de réflexion furent l'objet de délibérations particulières.

(1) Ici finit le rapport de Guillaume de Montolieu ; il y a pourtant encore par derrière, d'une autre écriture, ces mots, que nous ne voulons pas négliger : *Item fi manifefti al Papa l'eftament del moneftier de Sion e lo regiment de la badeffa. Item que confermi fo que fag lo vifitador del dig moneftier. Item que faffa la union del moneftier de Sion e de fant Pons. Fiat unio.*

En effet, le conseil de la ville se réunit encore plusieurs fois pour compléter les préparatifs de la grande fête. Le 12 septembre, il eut à s'occuper d'une question importante : le Pape venait avec un cortège imposant, car il menait avec lui toute sa cour ; tous ceux des cardinaux que leur santé ne retenait pas, avaient ordre de le suivre (1), et on en attendait une douzaine. L'abbaye de Saint-Victor était prête à recevoir le Pontife et ceux qui étaient attachés à sa personne ; mais la ville se fit un devoir de fournir des logements aux princes de l'Église. Elle en prépara pour quatorze cardinaux (2), et désigna à cet effet les maisons de ses principaux habitants, qui regardèrent comme un grand honneur d'avoir chez eux des hôtes de cette importance.

Ce furent : d'abord le palais épiscopal, ensuite la commanderie de Saint-Antoine, celle de Saint-Jean de Jérusalem, le couvent des Frères-Prêcheurs (3), puis les maisons de Sauveur Austrie et de ses frères, de Riqueston, de Bertrand Candole, de Charles de Montolieu, de Pons d'Alamanon, du seigneur de Cuges, de Pierre de Saint-Jacques, de Pierre Alleman, de Bérenger de Boulbon, d'Étienne de Brandis, d'Imberton de Marc, de Guillaume Martin, de Pierre de Jérusalem, de Pons Colombier, de Bertrand Vassal, de Pierre Reynaud, d'Isnard Eguessier. Nous citons les noms de ces citoyens que le registre des délibérations nous a conservés ; c'étaient sans doute les hommes les plus riches de Marseille, et ceux qui avaient les demeures les plus convenables. Au milieu de tous ces détails, on s'occupa aussi de

(1) Il existait 21 cardinaux à la mort d'Innocent VI ; en 1365, Urbain V n'en avait encore nommé aucun nouveau, trois des anciens étaient morts, et le cardinal Albornoz était en Italie ; restaient 17 cardinaux, et comme on prépara à Marseille 14 logements, il devient évident que tous, à l'exception des malades, suivirent le Pape.

(2) Voir aux pièces justif. n. II.

(3) Le Palais Épiscopal était au boulevard des Dames, touchant les murs, entre le Terras et la tour de Sainte-Paule ; la commanderie de Saint-Antoine, à la rue qui porte encore ce nom ; celle de Saint-Jean de Jérusalem, à l'entrée du port, près de la tour carrée ; le couvent des Frères-Prêcheurs vers le milieu de la rue de Rome.

préparer les demandes que l'on avait à adresser au Pape, et la liste en est longue. On pensait qu'il venait bien disposé à accorder tout ce qu'on solliciterait, et l'on s'appliqua à minuter une série de suppliques sur des sujets bien variés, comme nous le verrons; on y revint même à diverses reprises, pour que rien d'essentiel ne fût omis. La dernière des réunions du conseil, dont nous ayons connaissance, eut lieu le 23 septembre.

Enfin, le grand jour arriva (1), et Marseille put donner la mesure de son dévouement envers Urbain V. Le crieur de la ville avait proclamé dans les endroits accoutumés que tous les citoyens devaient prendre part à la fête, et que tout travail était interdit : c'était une peine inutile. Bien avant l'heure où le Pape devait arriver, la ville entière, accrue ce jour-là d'une multitude d'hommes accourus de tous les côtés, s'était portée à sa rencontre, par le grand chemin d'Avignon (2). La foule était si compacte, qu'il y aurait eu peut-être bien des malheurs à déplorer, sans la défense absolue qui avait été faite de sortir à cheval au devant du Pape. A l'heure indiquée, toutes les autorités, l'évêque, le clergé, et ceux qui devaient figurer à la pro-

(1) Il ne nous est pas possible de dire le jour de l'entrée du Pape, qui n'est indiqué nulle part; c'était en octobre. La 2ᵐᵉ vie d'Urbain V (Bal. I. 401), en parle après le 11 oct.; plus loin elle dit que le Pape retourna à Avignon, le 24 oct. Il y aurait donc erreur dans ce que dit M. Rose (Etudes sur le 14ᵉ siècle, p. 318.) d'après le P. Carrière, qu'Urbain V était à Apt le 22 octobre 1365. Nous nous sommes assuré par l'examen attentif des deux volumes du Regesto de l'an 3, qu'il n'y a absolument aucune bulle datée d'Avignon entre le 7 et le 25 octobre 1365, ce qui démontre l'absence du Pape.

(2) On allait alors de Marseille à Avignon, par les Pennes, Salon, Orgon. M. Magnan dit que le Pape *fit à pied le trajet d'Avignon à Marseille* (Hist. d'Urbain V, p. 251). Nous pensons que c'est une plaisanterie; le Pape étant *suivi de 10 cardinaux et d'une foule de prélats,* (ibid.) il y a peu d'apparence que tout ce cortège ait battu la grande route pendant 4 ou 5 jours. M. M' a pris cela de Guesnay (Cass. III. p. 661), celui-ci l'avait emprunté à Ciaconius (*Vitæ Pont. Rom.* I. 928); et bien que Bosquet et Ruffi l'aient répété, la chose n'en est pas plus vraisemblable. Les auteurs contemporains n'en disent rien; Ciaconius semble le premier qui l'ait avancé, espérons que M. M' sera le dernier à le redire.

cession, se réunirent à l'église de Saint-Lazare(1), pour y attendre le souverain pontife.

Mais avant d'y être parvenu, le Pape, que la grande affluence du peuple avait agréablement impressionné, fut témoin d'un spectacle inattendu, qui était la première manifestation faite en son honneur. On avait réuni à la plage d'Aren, à l'endroit où la route côtoyait la mer, une flotille considérable, composée de barques et de galères, d'où il se vit saluer par un joyeux concert d'instruments de musique; tous ces navires étaient couverts de rameaux verdoyants, et pavoisés de pavillons aux mille couleurs; leur multitude, le mouvement qu'ils se donnaient, l'animation qui en résultait, devaient présenter un coup d'œil ravissant. Après que le cortège eut défilé, la flotille s'éloigna et alla se poster dans le port, pour se trouver une seconde fois sur le passage du Pape, et y renouveler ses démonstrations.

Cependant, Urbain V s'avança jusqu'à l'église de Saint-Lazare avec ses cardinaux (2), et fut reçu par tous ceux qui l'attendaient. Ce fut un instant des plus solennels; tout ce qu'il avait d'amis à Marseille, était là réuni; les religieux de son monastère, ses connaissances du clergé et de la commune, les principaux habitants de la ville, tous lui exprimaient en même temps leur respect, leur vénération, leur affection. Quelle joie des deux côtés! Quel plaisir on avait à se revoir! Pour le cœur sensible du Pape, ce fut un moment de vrai bonheur; pour tous c'était l'accomplissement des vœux les plus ardents. Grande dût être aussi l'émotion du pieux pontife lorsqu'il aperçut les châsses de saint Victor, de saint Cassien, de saint Lazare, et de saint Louis que l'on avait portées au devant de lui, tant pour lui per-

---

(1) Saint-Lazare était l'église de l'hôpital des lépreux, plus récemment l'hospice des insensés, dans le faubourg de Marseille qui porte encore ce nom. Ruffi en fait remonter l'origine au commencement du 13e siècle.

(2) Le nom des cardinaux venus avec Urbain V n'est indiqué nulle part, que nous sachions.

mettre de satisfaire plus tôt sa dévotion, que pour accroître par leur présence la solennité. Les honneurs rendus au Pape n'empêchaient pas d'honorer les saints patrons : ils étaient portés sous des dais (1) par des personnes distinguées.

Dès qu'il se fût revêtu de ses ornements pontificaux (2), la procession s'achemina vers la ville à travers les flots pressés d'un peuple innombrable; toutes les confréries y figuraient avec *leur luminaire*; les grandes bannières de la Reine et de la Cité étaient portées par deux membres du conseil, six autres soutenaient le dais. En quittant Saint-Lazare, on se dirigea vers le portail de Porte-Galle, officiellement choisi pour l'entrée du Pape. C'était d'ailleurs, comme son nom l'indique, la porte qui s'ouvrait du côté de la France, et la seule de ce côté par laquelle on pût entrer en ville, et la traverser dans toute sa longueur pour se rendre à Saint-Victor. Le chemin qui y menait n'était pas autre que la rue actuelle de Malaval, si peu fréquentée aujourd'hui, et qui, pendant de longs siècles, a été la grande avenue de France. On pouvait s'en convaincre plus aisément avant les alignements tout récents qui l'ont fermée à son extrémité, car elle se prolongeait jusqu'au grand-chemin d'Aix, dans la direction de l'ancien hospice de Saint-Lazare.

Au bout de cette rue, là où, après avoir traversé le chemin de la Joliette, elle remonte au boulevard des Dames, se trouvait la porte Galle (3), à côté même de la tour de Sainte-Paule qui la

(1) Nous disons sous des dais, conformément au texte *portadors als palis e als caps*, et non point *sous le dais du Pape et autour de lui* comme le dit l'histoire d'Urbain V par M. M* p. 251. C'eût été un peu embarrassant et encombrant, la châsse seule de saint Victor pesant sept quintaux, au dire de Ruffi.

(2) Il est à peu près sûr que le Pape, arrivé à cheval, fit son entrée dans Marseille à cheval, aussi bien que ses Cardinaux. Ainsi le voulait le cérémonial, et c'est ainsi qu'il fit son entrée à Montpellier, à Gênes, à Viterbe, à Rome, etc. Aussi voyons-nous que le conseil s'occupa de désigner des personnes *a destrar nostre senhor lo Papa*.

(3) C'est bien là qu'était située la porte Galle ou Française, d'où le Pape s'en va *tirant dreg camin ves la Trenital*, située à droite à 200 ou 300 pas, chose impossible si on le fait entrer par la porte de la Joliette (supposé qu'elle existât) : dans ces autres mots du rapport, *aquestos fassan aplanar lo*

flanquait, et dont nous avons encore vu les restes jusqu'à ces dernières années : c'est par là que le Pape pénétra dans Marseille. Si la rue Impériale eût existé cinq cents ans plus tôt, il n'aurait eu qu'à la suivre pour se trouver immédiatement sur le chemin de Saint-Victor; mais pour parcourir les principaux quartiers d'alors, il dut prendre une autre voie, et, tournant à droite, il se porta directement vers le couvent de la Trinité (1).

Ce couvent, dont l'emplacement n'est pas facile à reconnaître dans l'état actuel des lieux, était à l'endroit même qu'occupait, il y a vingt ans l'abattoir, à l'extrémité du boulevard des Dames, à côté de la porte de la Joliette. Cette porte, disparue depuis peu, n'existait point encore à l'époque dont nous parlons (2), ce qui n'a pas empêché certains romanciers de la faire remonter jusqu'à Jules César, dont elle aurait reçu le nom ; d'autres plus modernes écrivent que c'est par là qu'Urbain V fit son entrée (3), deux choses également vraies. A la Trinité s'étaient rendues l'Abbesse et les religieuses de Sainte-Claire (4), désireuses de se trouver sur le passage du Pape et de recevoir sa bénédiction. Elles chantaient des cantiques sacrés; et nul doute qu'au moment où elles virent le Vicaire de J.-C., elles n'aient mêlé leur voix aux acclamations du peuple et salué joyeusement celui qui venait au nom du Seigneur.

vallat fora del portal de porta Gallega, il n'est pas difficile de reconnaître le ruisseau qui coulait naguère encore dans le chemin de la Joliette, et que l'on vient de recouvrir, en élevant le niveau de la rue. D'ailleurs Ruffi est précis : *Il entra dans la ville par une porte qui est présentement fermée et qui joignait la tour de Sainte-Paule.* Hist. de Mar. I. 200.

(1) Ce couvent, un des plus anciens de l'Ordre des Trinitaires, fut fondé par Saint-Jean de Matha lui-même, dans les premières années du 13ᵉ siècle.

(2) Lors de la démolition de cette porte en 1858, on en a trouvé la pierre fondamentale, portant la date de l'année 1666. Voilà un vieux monument bien moderne, qui n'a pas vu passer Urbain V, en 1365.

(3) *Le dais fut présenté au Pape à la porte de France... A droite de la porte de France s'élevait le couvent des Trinitaires.* Hist. d'Urbain V, p. 254-255. Cela ne peut être dit qu'en prenant la porte de la Joliette pour la porte de France.

(4) L'Abbesse de Sainte-Claire était, le 11 janvier 1365, Catherine Morserie : ses principales sœurs, Bertrande d'Istres, Alixende d'Alamanon, Marie d'Ansouis, Cécile Atulphi. *Liv. Verd.* p. 115.

Elles avaient un motif spécial pour témoigner au Pape une reconnaissance et une allégresse plus qu'ordinaires. Les pauvres Clarisses avaient vu détruire, en 1359, à cause des guerres, leur antique couvent situé au quartier de Nazareth, là où se trouve l'Eglise actuelle de Saint-Théodore. Elles se réfugièrent en ville, dans l'Eglise du Temple, qui appartenait alors aux chevaliers de Saint-Jean de Jérusalem ; elles y restèrent environ deux ans, comme nous l'apprend notre historien (1). Puis elles s'adressèrent à Urbain V, qui, le 12 mai 1363, leur donna, par sa lettre *Inter cœteras sollicitudinis nostræ*, l'autorisation de bâtir un nouveau couvent dans la ville, au quartier de Cavaillon, dans la paroisse de Saint-Cannat, couvent aujourd'hui occupé par la manutention militaire. Le lendemain, par sa bulle *Ecclesiarum et monasteriorum*, il concédait des Indulgences à tous ceux qui viendraient à leur secours pour bâtir leur monastère (2). Il leur accorda aussi le droit de sépulture et la confirmation de tous les priviléges dont elles jouissaient dans leur ancienne maison (3). Tant de grâces avaient donné aux saintes religieuses un vif désir de voir leur bienfaiteur ; prosternées devant lui, elles offrirent leurs remerciments, et ne se retirèrent qu'après qu'il les eut bénites (4).

En quittant la Trinité, le Pape s'engagea dans la rue Française (rue de l'Evêché) qui menait jusqu'à la place Saint-Thomas (la place de Lenche) ; c'est dans cette rue, la première qu'il avait à traverser, que la ville avait tenu surtout à déployer un grand luxe de décoration : nettoyée avec le plus grand soin, elle était couverte d'un bout à l'autre de voiles et de tentes pour arrêter les rayons du soleil, et, au besoin, la pluie ; toutes les murailles étaient tapissées de draperies et d'autres ornements ; des

(1) Ruffi. t. II. p. 64. — Guesnay. Annal. p. 118.
(2) Reg. Orig. d'Urbain V. de Ind. et Com. A. I. f. 105-113.
(3) Wading. Annales Ord. Min. t. VIII. p. 168.
(4) Que le Pape se soit *arrêté quelques moments* et leur ait *adressé quelques paroles*, c'est ce que nous ignorons, et ce qui ne se lit que dans l'*Histoire d'Urbain V*, p. 255.

tentures pendaient à toutes les fenêtres. Du reste , l'ordre avait été donné qu'il en fût fait ainsi, selon le pouvoir 'de chacun, par toutes les rues que le Pape avait à parcourir. Et dès que le Pontife paraissait, il entendait répéter de tout côté avec le plus grand enthousiasme: vive , vive le Saint-Père ! mais tous ces applaudissements et ces honneurs ne servaient qu'à exciter son humilité ; et, joyeux de voir l'affection avec laquelle il était reçu, il s'humiliait devant Dieu , et répétait de temps en temps ces paroles de l'Ecriture : A vous la gloire, ô mon Dieu ! et non point à nous (1).

Après avoir passé devant la chapelle de Sainte-Magdeleine, à l'endroit appelé *la peira de la major* , à cause du voisinage de la Cathédrale, il arriva à la place Saint-Thomas, où il trouva les religieuses de Saint-Sauveur , qui, sorties de leur couvent avec leur abbesse Huguette Elie, faisaient retentir l'air de leurs chants. Il les bénit , et se dirigea vers N.-D. des Accoules, où l'attendaient à leur tour Cécile de Riquis-Novis, abbesse de Sion, et ses religieuses, accourues de leur monastère pour avoir part à ses bénédictions. A partir de cet endroit, l'itinéraire du Pape n'est plus marqué ; le programme se contente de dire qu'en par· tant des Accoules, on lui fera tenir le droit chemin et suivre le tour qu'on avait fait lors de la récente translation du chef de saint Victor. Il ne nous sera pas difficile, pensons-nous , de retrouver les rues parcourues par la procession.

Pour aller des Accoules à Saint-Victor, il fallait nécessairement passer par le portail de la Calade, qui était situé à peu près à l'extrémité Sud de la rue des Templiers, à l'angle S. O. de la Bourse actuelle ; il est donc facile d'indiquer la direction que dut suivre le Pape ; d'abord la Grand rue, puis à droite la rue qui aboutissait à celle des Templiers et à la porte susdite. En sortant de la ville, on rencontrait le chemin qui menait à l'abbaye, chemin dont la partie voisine de la Canebière a disparu

<hr>

(1) Procès de Can. f. 15.

sous les rues tracées à angle droit dans les terrains de l'ancien arsenal; mais on sait qu'en quittant la porte, le chemin de la Calade s'infléchissait vers la droite, du côté de la mer (1), contournant le plan Formiguier, et s'en allait rejoindre, à travers l'espace occupé par le Canal (2), la rue Sainte-Catherine, qui est vraiment la route antique conduisant à Saint-Victor.

C'est par ces rues, décorées comme les autres, que le cortége continua sa marche, au milieu de la même affluence, et qu'il s'approcha enfin de la vénérable abbaye pour laquelle Urbain V avait entrepris ce long voyage. Des larmes de bonheur s'échappèrent de ses yeux lorsqu'il aperçut le Sanctuaire béni où il avait passé ses premières années, et dans lequel il avait résolu que ses ossements viendraient un jour reposer. Cette maison sainte d'où il était parti trois ans auparavant, simple abbé Bénédictin, il y revenait dans tout l'éclat du souverain pontificat, et au milieu d'un appareil digne des anciens triomphateurs. Comment exprimer les sentiments qui remplissaient son âme en cet instant? Arrivé à l'abbaye, il mit pied à terre, et pénétra dans l'église, pour rendre grâces au Seigneur, qui lui avait permis de revoir ce lieu de prédilection. Le Viguier et son compagnon (3), qui avaient toujours marché à côté du Pape, tenant la bride de son cheval, ne le quittèrent pas même alors, et, soulevant les extrémités de sa robe, ils le suivirent jusqu'à ce qu'il fût arrivé à l'autel.

Nous n'avons aucune peine à admettre qu'Urbain V dut être

(1) *Quoddam patuum, scilicet à vallato salinarum usque ad Podium Formiguerit, habens versus mare à pariete qui contiguatur vие publicæ quâ itur ad S. Victorem, quindecim cannas.* Acte du 1 juin 1201. Petit Cart. de S. V. f. 166.

(2) *La chapelle de Sainte-Catherine... qui fut démolie l'an 1685, pour y bâtir le canal.* Ruffi. II. 53.

(3) La liste des nominations (pièces justif. n. 1) étant incomplète, nous n'avons pas les noms de ceux qui furent désignés pour remplir cet office; nous y suppléons par ce qui fut ordonné à une nouvelle entrée du Pape en 1367. Délib. du 28 avril 1367.

peu content (1) de ce qu'on avait fait pour embellir l'église de
Saint-Victor, et qu'il y aurait voulu plus de magnificence. Il nous
est facile de juger nous-mêmes de l'impression qu'il dut éprou-
ver, car l'église se trouve encore, sauf des dégradations par-
tielles, dans le même état où elle était alors. Les constructions
faites à cette époque sont sans caractère; un transept des plus
vulgaires, un abside sans élégance, sans ornements, d'un mérite
bien inférieur au reste de l'édifice, c'est tout ce qu'on avait su
faire pour obéir aux ordres du Pape; et c'est de cette manière
qu'on remplissait les intentions de celui qui avait commandé
d'élever un grand et bel abside.

Il est vrai que la nécessité de faire entrer cette église dans un
système compliqué de murailles crénelées et de tours saillantes
pouvait présenter à l'architecte plus d'une difficulté; mais il
n'en faudra pas moins avouer que l'architecture religieuse
n'était guère florissante dans nos contrées : ce qui fut fait à
Saint-Victor en est la preuve. Urbain V eut raison de trouver
qu'on avait mal répondu à ses désirs; et même, si nous consi-
dérons sur quelque ancienne gravure l'ensemble imposant
des constructions qui enveloppaient l'Abbaye, nous compren-
drons qu'il put dire aussi avec amertume, comme à Montpellier:
« Ils ont fait la maison des serviteurs plus belle que celle du
« maître (2). »

Lorsque le Pape fut un peu remis de ses fatigues et qu'il put
donner audience, l'évêque de Marseille se présenta avec le Viguier et une députation du Conseil, pour lui faire la révérence
et lui offrir les hommages de la cité. L'évêque, chargé de porter
la parole, insista sur la joie que sa venue avait procurée à la
ville, et remercia Sa Sainteté de tous les bienfaits, grâces, honneurs et présents qu'il avait accordés à Marseille; il recom-

(1) *On dit qu'il ne fut pas content des bâtiments qu'il avait fait faire à ses
frais, et qu'il y aurait voulu plus de magnificence et de commodités... il
avait raison de ne l'être pas.* Belsunce. II. 506.

(2) Petit Thalamus de Montp.

manda à sa bienveillance la reine Jeanne, la ville et ses
habitants, et l'assura du parfait dévoûment de tous. Les repré-
sentants du Conseil allèrent ensuite rendre leurs devoirs au
frère du Pape, Anglic de Grimoard, évêque d'Avignon, aux cardinaux et aux autres prélats.

Dans la soirée qui suivit (1), les Marseillais donnèrent un
nouveau témoignage de leur allégresse, et la ville entière fut
illuminée. La communauté n'eut pas à en supporter les frais,
mais les particuliers durent y pourvoir, chacun en ce qui le
regardait. Le Conseil en avait délibéré, et avait fait publier à
son de trompe que des lampes ardentes fussent préparées et
allumées de deux en deux maisons; ce ne fut pas un des moin-
dres ornements de la fête. Il y a loin sans doute de cette manifestation restreinte, aux éblouissantes illuminations que nous
avons vues de nos jours; mais si l'on veut bien se reporter à
l'époque et tenir compte des progrès matériels de tout genre qui
ont été réalisés depuis lors, ce n'en est pas moins un fait très-
curieux et digne de remarque.

Cependant le Pontife, qui était surtout venu à Marseille dans
un but religieux, voulut procéder sans retard à la consécration
du grand autel nouvellement érigé. Le jour où il accomplit cet
acte ne nous est pas connu; nous sommes portés à croire (2)
qu'il avait choisi pour cela le 15 octobre, jour où Benoît IX
avait consacré en l'an 1040 l'ancienne église et son autel. Notre
intention n'est pas d'exposer les cérémonies solennelles usitées
en pareille circonstance, mais nous ne devons pas omettre la
description de l'autel consacré par Urbain V, sur lequel un

----

(1) C'est par distraction sans doute que l'Histoire d'Urbain V dit, p. 281:
*Toutes les rues que le Pape devait traverser étaient richement tendues et il-
luminées.* D'ordinaire, on n'illumine pas en plein soleil, mais on attend la
nuit; c'est ce que porte l'ordonnance du conseil : *Fiant lampades ardentes de
nocte.*

(2) En effet, la 2e vie d'Urbain V (Ital. t. 101) parle de ce fait après le
11 octobre, et nous apprend que le Pape retourna à Avignon le 21; la cérémonie a dû avoir lieu dans l'intervalle.

vieux acte de 1444 nous fournit des renseignements assez détaillés (1).

Nous avons dit qu'il n'y avait rien de remarquable dans les constructions nouvelles qui venaient d'être faites pour agrandir l'église; il y avait cependant quelque chose d'imposant dans la manière dont les reliques des Saints y étaient disposées. On les avait presque toutes tirées de l'église inférieure et groupées auprès de l'autel, qui était comme le centre autour duquel elles rayonnaient. L'autel lui-même avait été placé au fond du nouvel abside, que l'on désignait sous le nom de chapelle de Saint-Pierre; au dessus de l'autel, élevée de façon à dominer toute l'assistance, et pouvant être apperçue de toutes parts, se trouvait une grande châsse de bois, soigneusement fermée, et contenant ce que le monastère avait de plus précieux. Elle était peinte, décorée d'images de saints et de dorures, et sa face antérieure présentait cette grandiose inscription , en vers léonins :

Servat thesaurum qui gemmas vincit et aurum,
Corpora Sanctorum, pia capsula custos eorum;
Corpus Victoris conservat pignus amoris;
Victor non victus, quia lætus pertulit ictus ,
Cum multis Sanctis divino munere fultis
Cœlo lætatur, cœlitibus associatur.

A l'intérieur se trouvaient les gros ossements de saint Victor et de ses trois compagnons, en quatre sacs séparés; puis une multitude d'autres reliques , dont l'acte nous donne la liste suivante : des reliques de la Sainte-Croix, du berceau de N. S. , de la table de la Cène, du Suaire, de l'Eponge, du Golgotha, du Saint-Sépulcre, de la montagne de l'Ascension; des vêtements de la Sainte-Vierge et de sainte Marie Magdeleine; du sang des SS. Innocents et de saint Victor; des ossements des saints Jean Baptiste, Abraham, Isaac , Jacob, André et Thomas, apôtres, Trophime, Denys, Etienne, Laurent, Benoît, Tirce. Tiburce, Nérée et

(1) Arch. de S. V. Reg. 23 quater, t. 3.

Achillée, Prime et Félicien, Alexis, Theuderius, Vital, Maurice, Eusèbe de Verceil, Astimate, Marius, Marthe, Audifax et Abacuc, Serge et Bacche, Agratus de Vienne, Ilarion, de la légion de saint Maurice (1), des papes Etienne, Calixte, Félix et Grégoire le Grand, des SS. Clair et Martien, abbés, de saint Lazare, de de saint Cassien, fondateur du monastère, de saint Mauront, évêque de Marseille, de saint Adrien, martyr, des SS. Honorat, Virgile, Véran, Agricol, Didier, Ferréol, et des saintes Eugénie, Cécile, Constance, Béatrix et Félicité.

Ce n'est pas tout : de chaque côté de l'autel, dans le voisinage du chœur, étaient placées sur un arceau, trois urnes renfermant d'autres trésors; sur l'arc de droite, dans la première urne, le corps de saint Bernard, abbé de Saint-Victor et cardinal; dans la seconde, saint Mauront, abbé, et évêque de Marseille; dans la troisième, saint Wifred, abbé de Saint-Victor; sur l'arc de gauche, la première et la troisième urnes étaient remplies de reliques de la légion de saint Maurice, la seconde contenait celles de saint Agricol, de saint Marcel et de sainte Archotamie; enfin, dans le chevet, du côté du nord, étaient les corps de saint Isarn, abbé de Saint-Victor, et de deux autres.

Deux grandes armoires placées dans les transepts, en face des nefs latérales, contenaient les reliques insignes et les reliquaires précieux; là étaient conservées sous bonne garde les châsses de grand prix, dont la matière et la valeur commandaient des soins plus attentifs : le chef de saint Victor, celui de saint Cassien, donnés par Urbain V, et marqués de ses armes; le bras

---

(1) Ces reliques de la Légion de Saint-Maurice ne seraient-elles pas celles de saint Défendant et de ses compagnons, dont il n'est fait mention nulle part ? Ne pourrait-on pas supposer que c'est durant son séjour à Saint-Victor que saint Théodore retrouva les restes de ces saints? Ne serait-il pas permis de soupçonner que l'église qu'il fit élever en leur honneur n'est pas autre chose que ce qu'on appelle, dans les cryptes de Saint-Victor, *la chapelle de Saint-Mauront*, chapelle où les martyrs de la Légion Thébaine avaient leur tombeau, et qui est tout-à-fait en dehors du plan primitif de nos catacombes ? Qu'on nous permette d'émettre cet avis sur l'un des points les plus obscurs de notre histoire religieuse.

de saint Cassien et une dent de saint Pierre, qui avaient été extraits en 1363 de la grande chàsse et renfermés par l'ordre du Pape dans des reliquaires spéciaux ; un grand nombre d'autres chefs et d'autres bras, en or et en argent, qui, aux jours de fête étaient exposés à la vénération des fidèles (1).

Il serait difficile d'imaginer une plus belle collection de corps saints ; et l'on conçoit facilement quelle émotion religieuse devait produire la réunion de ces précieuses reliques, disposées d'une manière si saisissante. Peut-être avait-on voulu, par cet arrangement, suppléer au peu de valeur qu'avait par lui-même l'édifice nouveau ; probablement aussi le Pape, en les plaçant ainsi et en les mettant sous les yeux de tous, avait-il eu l'intention de faire honorer davantage les saints qui reposaient dans l'abbaye. Nous ne connaissons la disposition de toutes ces chàsses que par l'acte de 1444, et comme nous y lisons qu'elles n'avaient pas été touchées depuis très-long-temps, il est facile d'en conclure qu'il faut en attribuer le placement au pape Urbain V, après la réédification de cette partie de l'église. Toutefois, nous n'oserions pas affirmer que la grande chàsse n'avait pas déjà, avant lui, sa place au haut du maître-autel.

Non content d'avoir visité Saint-Victor et d'en avoir dédié l'autel, Urbain se complut à l'enrichir de toute sorte de dons. Il avait déjà envoyé les précieuses chàsses où étaient les têtes de saint Victor et de saint Cassien ; il lui donna encore plusieurs autres reliquaires d'or et d'argent, des vases sacrés de grand prix, une profusion de vêtements pontificaux et sacerdotaux en drap d'or et en soie, chasubles, chappes, dalmatiques, tunicelles, de belles tapisseries pour couvrir tout l'intérieur de l'église, riches présents, qui, durant de longues années, furent soigneusement conservés (2). Il avait bâti un grand campanile ; il fit fondre plus de vingt cloches de toutes dimensions, et les y fit placer pour accroître la solennité des offices di-

(1) Cass. Illustr. 173.
(2) Procès de Can. f. 18.

vins (1). Enfin, il n'est aucune sorte de bienfaits dont il n'ait pris plaisir à combler son abbaye, sans)parler des priviléges qu'il lui accorda et des monastères qu'il mit sous sa dépendance.

Quand il eut terminé les cérémonies religieuses pour lesquelles il était venu, il s'occupa de satisfaire l'affection dont il était rempli pour les Marseillais. Les documents nous manquent pour savoir au juste les démonstrations publiques qui eurent lieu durant son séjour; les délibérations de la mairie se taisent, après avoir réglé les préparatifs de la grande entrée, et nous nous sentons bien heureux d'y avoir trouvé tant de choses ; le procès de canonisation, après avoir raconté la consécration de l'autel par le Pape, se contente d'ajouter qu'il visita le peuple de Marseille et le combla de bénédictions (2). Cela nous donne lieu de penser qu'il y eut d'autres manifestations que celles du premier jour ; d'ailleurs, il serait peu raisonnable de croire qu'Urbain V se contenta d'avoir traversé la ville et n'y revint pas pendant les jours qu'il passa aussi près d'elle. Il est donc permis de supposer que durant cet intervalle il dut se montrer plusieurs fois en public, visiter les églises, les maisons religieuses, les tombeaux des saints qui n'étaient pas à Saint-Victor, et que, dans ces diverses circonstances, les Marseillais lui donnèrent de nouvelles marques de leur dévoûment. Nous nous garderons bien pourtant de suppléer par des récits faits d'imagination au silence des monuments contemporains, et nous nous hâtons de venir à des choses plus positives.

Le Conseil général s'était mis en mesure de profiter d'une occasion aussi propice, qui lui permettait d'entretenir le Pape de tous les sujets qui l'intéressaient, et il avait préparé de nombreuses suppliques. Il ne se flattait pas sans doute d'obtenir immédiatement tout ce qu'il sollicitait, car il y avait, dans le

(1) *Ibid. Fecit construi magnum campanile, et campanas plurimas, magnas, parvas, et mediocres, ultra numerum viginti, fecit fieri et in diclo campanili reponi... ad dei reverentiam et sanctorum.*

(2) *Altare ipsius ecclesiæ consecravit, et Massiliensem populum, quem diligebat, visitavit, et illi multipliciter benedixit.* Procès de Can. f. 21.

nombre des souhaits qu'il formulait, des choses graves qui demandaient de sérieuses réflexions ; mais il était toujours à propos d'attirer là-dessus l'attention, et l'on était bien convaincu que rien de ce qui se pourrait accorder ne serait refusé. Ses délégués se présentèrent donc pour exprimer leurs vœux : ce fut encore l'évêque de Marseille qui porta la parole.

La première demande adressée au Pape fait honneur à ceux qui gouvernaient alors notre ville. Il est peu d'hommes qui aient tant fait pour étendre l'instruction comme le pape Urbain V ; homme d'étude lui-même, et ayant professé le droit durant de longues années, il aimait la science et favorisait de toutes les manières son développement. Fondations de colléges et d'universités, dotations de professeurs pour l'enseignement gratuit, bourses nombreuses pour les étudiants pauvres, distributions de bénéfices, promotions aux dignités, il mit tout en œuvre pour parvenir à son but. Quand il mourut, il entretenait à ses frais plus de quatorze cents jeunes gens qui étudiaient les lettres, la médecine, le droit civil et canonique, la musique même, entre lesquels nous devons signaler un collége de douze étudiants en médecine fondé par lui à Montpellier.

On lui disait : Saint-Père, à quoi bon entretenir tant de clercs et d'étudiants, et pourquoi en augmenter sans cesse le nombre? Il répondait avec bonté: Il est à désirer, et je souhaite ardemment que les hommes instruits abondent dans l'église de Dieu ; je sais que tous ceux que je soutiens ne seront pas ecclésiastiques; quelques-uns se feront religieux, les autres resteront dans le monde et deviendront pères de famille ; mais quel que soit l'état qu'ils embrasseront, dussent-ils même exercer des professions mécaniques, il leur sera toujours utile d'avoir étudié, et ils en seront meilleurs (1).

Or, comme il aimait beaucoup la ville de Montpellier, où il avait étudié dans sa jeunesse, il y fit construire une église sous le titre de Saint-Benoît et de Saint-Germain, et un monastère de

(1) Procès de Can. f. 23.

son ordre, où devraient se trouver toujours seize jeunes religieux
étudiant le droit canonique et la théologie. Il donna à cette maison une grande quantité de bons livres dans tous les genres, et
voulut qu'il en fut fait une bibliothèque publique, afin que les
pauvres et ceux qui manquaient des livres nécessaires pûssent
y aller puiser les secours et les lumières dont ils auraient besoin.
(1) Telle fut la première bibliothèque publique de Montpellier ;
elle se trouvait précisément dans le même local où est de nos
jours la célèbre bibliothèque de la Faculté de médecine; nous
en indiquons avec plaisir la première origine, que nous
croyons bien peu connue.

Au moment où Urbain V se trouvait à Marseille, le collége de
Montpellier n'était pas encore ouvert ; on le bâtissait, et ce ne
fut qu'en 1367, avant son départ pour Rome, qu'il put aller en
inaugurer l'église. Le conseil de notre ville profita de la circonstance pour demander qu'un certain nombre de places y fussent
réservées à perpétuité à des moines de Saint-Victor, Marseillais de
naissance. Il y avait à cette époque à Marseille des écoles de
grammaire et de logique, et nous voyons, le 29 janvier 1364,
Guillaume Sudre, notre évêque, en donner la direction pour
deux ans à un bachelier-ès-arts, du diocèse de Cahors (2) ; mais
on était moins bien partagé par rapport aux études supérieures, et il était bon de s'assurer une part dans la fondation
nouvelle. La demande fut accueillie, et le conseil fut informé
quelque temps après, que, parmi les seize étudiants de Montpellier, il y aurait toujours de droit deux Marseillais. (3)

Nos pères qui savaient ménager en même temps les intérêts
spirituels et les intérêts matériels de la cité, prièrent ensuite
Urbain V d'accorder une grande indulgence à l'église de Saint-
Victor, et ils désignèrent même, comme l'époque la plus

(1) Ibid. f. 20. *Tradidit... multos et plurimos libros bonos et magni valoris,
diversarum scientiarum... de quibus ordinavit et fieri fecit publicas librarias
in ipso monasterio.*
(2) Livre vert. f. 50.
(3) Délib. du 11 février 1365 (66).

convenable pour y attacher cette grâce, le 3 de mai, fête de l'invention de la Sainte-Croix, parce que ce temps, disent-ils, est propice pour tous ceux qui voudront venir la gagner. Ils réclamaient de plus la confirmation des anciennes indulgences accordées à l'abbaye par les souverains pontifes.

Puis, prenant en main la cause des ecclésiastiques séculiers et réguliers de Marseille, ils supplièrent le Pape de ne pas les oublier dans la distribution des bénéfices, de leur donner les moyens de s'avancer dans les sciences, et d'en tenir compte également dans les promotions qu'il aurait à faire à des dignités supérieures. C'est un objet qui occupa souvent le conseil, et qui donna lieu à de nombreuses démarches auprès d'Urbain V (1).

Les deux demandes suivantes intéressaient directement la ville. Il lui était arrivé dans un grand nombre d'affaires, d'être menacée des censures ecclésiastiques; pour se délivrer des inquiétudes qui en étaient résultées, elle sollicita un privilège en vertu duquel elle ne pût être soumise à l'interdit que par le Pape lui-même ; Marseille, lui disait-on, est la fille spéciale de votre Sainteté, il est juste qu'elle ne dépende que de vous. On réclamait également la prorogation à un plus long terme de la faveur déjà concédée aux Marseillais de ne pouvoir être cités hors du diocèse, même par suite de bulles apostoliques. La demande fut exaucée, et nous trouvons que le 14 février 1366, les députés de la ville rapportèrent au conseil des bulles en règle, qui prorogeaient pour six ans de plus la première concession (2).

Il y avait dans le diocèse deux abbayes de religieuses Cisterciennes : en ville, l'abbaye de Sion, et à Gémenos, l'abbaye de Saint-Pons. Mais le couvent des Dames de Sion, était réduit à une extrême pauvreté, l'observance régulière y était fort peu observée, et l'on craignait une destruction totale. Plusieurs fois déjà,

---

(1) *Délib. du* 3 *nov.* 1362. Recommandation en faveur de Jean de Vaquières, sacriste de Saint-Victor ; 12 *nov.* 1364 *et* 10 *janv.* 1365, en faveur de Masse de Masso, ancien chanoine de Marseille ; 18 *nov.* 1364. demande de l'Évêché de Fréjus pour l'abbé de Saint-Honorat, frère de Jacques d'Albe de Roquemartine ; 3 *mars* 1364 (65), supplique pour Adhémar d'Astorge, moine de Saint-Victor ; 11 *février et* 19 *septembre* 1365 ; nouvelles recommandations en faveur de Jean de Vaquières. etc.

(2) *Délib.* du 14 février 1365 (66).

on avait prié le Pape de remédier à cet état de choses(1); un visiteur apostolique avait été envoyé (2) ; on le supplia enfin tandis
qu'il était à Saint-Victor, d'unir l'abbaye de Sion à celle de Saint-
Pons, parce que la régularité et les ressources de cette dernière
faisaient espérer que l'union aurait un heureux résultat.

Une autre réclamation se rapportait à une matière plus délicate : les religieux de Saint-Victor étaient chargés de distribuer
aux pauvres de la ville des fonds provenant de legs pieux que de
généreux citoyens avaient consacrés à cette fin. Il y avait donc
à l'abbaye une institution nommée l'Aumônerie qui devait remplir les intentions des donateurs. On se plaignait que des abus
s'y étaient glissés, et que les pauvres ne recevaient pas tout ce
qui leur était dû, mais surtout que les distributions qui leur
étaient faites n'étaient pas de qualité satisfaisante. On supplia
Urbain V de donner des ordres pour que les malheureux fussent
mieux partagés à l'avenir. Le conseil revint plusieurs fois par
la suite sur la même question : un jour surtout, vivement surex-
cité à la vue de certains morceaux de mauvaise viande qu'on
disait avoir été distribués à Saint-Victor, il voulut qu'on allât
les présenter au vicaire-général de l'abbaye, et même au souverain Pontife, pour qu'il en fît justice (3).

Enfin, il restait une grave affaire, la plus importante de toutes, à soumettre au Pape et à recommander à sa bienveillance.
Notre magnifique port se trouvait dans le plus triste état ; pour
nous servir des termes mêmes que nous trouvons dans les actes
de l'époque, il était entièrement rempli de boue, et peu s'en
fallait que les navires ne pussent plus y entrer, ni s'y tenir à
flot (4). C'était une question de vie ou de mort ; et comme la communauté n'était pas en état d'entreprendre d'y porter remède,
elle essaya d'y intéresser le Pape, et fit ajouter au projet de Guil-

---

(1) Délib. du 18 nov. 1364.
(2) Bulle du 21 décembre 1364 *Etsi ad ecclesiarum*. Reg. d'Urbain V, de
Ind. et Com. A. 3, f. 179.
(3) Délib. du 18 février 1365 (66).
(4) Délib. du 21 mars 1365 (66).

laume de Montolieu, un article ainsi conçu : solliciter des secours
pour nettoyer le port. Nous ne retrouvons pas, il est vrai, cet article parmi ceux qui furent rédigés pour être présentés par l'évêque. Il n'en est pas moins certain que la demande fut faite et que
le Pape promit de s'en occuper. La joie des Marseillais fut au
comble lorsqu'ils apprirent, quelques mois après, qu'ils avaient
obtenu ce qu'ils avaient sollicité, car le Pape consentit à leur
prêter huit mille florins pour nettoyer leur port (1).

Urbain V accueillit avec la plus grande bonté les vœux d'un
peuple qui lui était cher ; il promit de donner suite à toutes les
demandes, et déjà nous avons pu nous convaincre qu'après
l'examen qu'il en fit, il accorda à peu près tout ce qu'on sou-
haitait. Cependant, le temps qu'il lui était permis de consacrer à
Marseille s'écoula, trop rapidement à son gré, et les affaires de
l'Eglise, le rappelant au lieu ordinaire de sa résidence, il dut
songer à son retour. Il quitta donc Marseille pour revenir à
Avignon le 24 octobre 1365 (2).

Telles furent, autant que nos renseignements nous ont permis d'en faire la description, les fêtes qui signalèrent la venue
d'Urbain V à Marseille. On trouvera bien des lacunes dans notre
récit, et nous regrettons qu'aucun chroniqueur de l'époque ne
nous ait transmis la narration d'un fait aussi célèbre dans l'histoire de notre cité. Cet événement eut beaucoup de retentisse-
ment dans le monde chrétien, et la nouvelle en fut portée jusqu'aux contrées les plus lointaines. Pétrarque, écrivant de Venise
l'année suivante, en parlait dans les termes les plus enthousias-
tes. Il disait au Pape :

« Dernièrement lorsque vous vous rendîtes à Marseille, poussé
« par votre piété, et par le désir de revoir cet humble nid d'où
« la divine Providence et votre vertu vous ont fait voler au
« sommet des honneurs, le peuple qui vous est dévoué et qui
« vous chérit, vous a reçu *non comme un homme, mais comme*

(1) Ibid.
(2) Baluze. I. 101. 3ᵃ *Vita Urbani V.*

« *Dieu lui-même* que vous représentez, et vous a accueilli avec
« une joie sans borne et un respect infini. Ému par un spec-
« tacle si attendrissant, je ne sais si vous avez pu retenir vos
« larmes, mais vous avez laissé échapper des paroles qui ont
« retenti agréablement à nos oreilles, et nous ont apporté de
« douces espérances. Quand vous n'auriez, avez-vous dit, d'autre
« motif d'aller à Rome et en Italie, que celui d'exciter ainsi la
« dévotion des fidèles, cela seul vous suffirait abondamment (1). »

Le souvenir de cette grande solennité se conserva pendant
longtemps, et lorsque, dix-sept ans plus tard, on recueillait les
informations nécessaires pour la canonisation du saint Pape, il
était fait mention en première ligne de ce que nous avons raconté. On y lit en effet : « Urbain V reçut des honneurs immen-
« ses et infinis, spécialement lors de son couronnement, à son
« entrée dans la ville de Marseille, etc. (2). »

Et nous qui venons après cinq siècles réveiller le souvenir des
grandes manifestations par lesquelles nos pères accueillirent un
pontife bien aimé, nous dirons à nos concitoyens : Urbain V a
été l'un des plus grands et des plus saints Papes qui aient occupé
le trône de saint Pierre; sans le schisme d'Occident, il aurait été
mis solennellement au nombre des saints; jusqu'en 1789,
l'église de Saint-Victor a fait sa fête le 19 décembre, et son pané-
gyrique était annuellement récité au milieu de la messe célébrée
en son honneur. Il y a longtemps que cette fête marseillaise
aurait dû et aurait pu être reprise ; nous espérons qu'à défaut
de ce culte local que la négligence refuse à sa mémoire, la sainteté du Pape qui repose à Saint-Victor recevra quelque jour une
consécration plus éclatante, par une déclaration du Saint-Siège
qui reconnaîtra le culte dont il a joui. Nous avons la confiance
que Marseille renouvellera alors les fêtes de 1365, et manifestera
en même temps sa foi et sa reconnaissance.

(1) Senil. l. VII. Ep. unica. Cette lettre est datée seulement : de Venise le
29 juin, sans indication d'année; mais elle est évidemment de 1366, puisqu'en
juin 1365 le Pape n'était point encore venu à Marseille, et qu'en juin 1367
il était déjà en Italie.

(2) Procès de Can. f. 15.

PIÈCES JUSTIFICATIVES.

I

Décisions du Conseil. (1)

Item super x° capitulo, ad portandum palium super capud domini nostri Papæ : Johannes Elie senior (2), dominus Giraudus Aymerici, Petrus de Jerusalem, Bernardus Bonifacii, dominus Johannes de Quinciaco, Petrus Ricavi senior.

Item super xi° capitulo, ad emendum palium, domini sindici et tesaurarius.

Item super xii° capitulo, ad videndum qui se voluerint induere ob reverentiam domini nostri Papæ, vid. artistas domini vicarii et sex artistas ; et ad alias personas singulares, Berengarius Montanee, Jacobus de Montiliis, Egidius Bonifacii.

Item super xiii° capitulo, ad portandum banderias, Carolus Atulphi, Jacobus Stornelli.

Super xiv° capitulo ; ad portandum capud beati Victoris..... *(resté en blanc.)*

Item super xv° capitulo, fiat voce præconis.

Item super xvi° capitulo, fiat voce præconis et sub pæna.

Item super xvii°, xviii°, xix°, domini sindici, ad fieri faciendum vias, et omnia in ea contenta adimplenda, domini sindici.

Item super xx° et xxi° capitulis, ad mundandum carrerias, ordinent ad ea facienda, Bernardus de Berra, Guillelmus Repellini.

Item super xxii°, ordinent consules piscatorum, tamen in illis homines de raubis non intersint.

(1) Le commencement manque.
(2) Ce nom est biffé.

Item super xxiii°, fiat cum consilio Bernardi de Sancto Stephano (1).

Item (super) xxiv° capitulo, fiat præconisatio quod nullus operetur.

Item super xxv° capitulo, ad aptandum barquilos et abcuratoria, vid. Isnardus Duranti, Restezinus Johannis, Guillelmus Stanq, et Bartholomeus Stanq ; ubi omnes interesse non poterunt, duo vel tres intersint.

Item super xxvi°, domini sindici procurent habere omnia per dominum Episcopum proponenda, pro parte et nomine civitatis.

Super xxvii°, fiat ut in eo continetur per dominum Episcopum.

Item super xxviii°, de lampadibus fiat præconisatio.

Item super xxix°, fiat per dominum Episcopum, ut supra.

Item super xxx°, fiat per dominum Episcopum, ut supra.

Item super xxxi°, xxxii°, xxxiii°, fiat per dominum Episcopum, ut supra.

Anno Domini m.ccc.lxv. die vicesima septima mensis Augusti, congregato honorabili consilio generali civitatis Massiliæ, in aula domus Sancti Spiritus de Massilia, voce tubæ et sono campanæ, ut est moris, ad mandatum nobilis viri domini Guillelmi de Remusacho, militis, vicarii civitatis Massiliæ, fuerunt in dicto consilio proposita et reformata ut sequitur...

Item quod vestes omnes quæ fient pro adventu domini nostri Papæ per cives Massiliæ, fiant de duobus pannis lanæ, et a parte dextra sit color albus, et a parte sinistra color rubeus, et ipsas vestes debeant portare tanto tempore quanto dominus noster Papa morabitur in Massilia; et quod spatio unius anni nullus sit ausus ipsas vestes donare alicui personæ, attamen ipsas possit dissuere, et facere pro suo arbitrio voluntatis. Item , etc.

Plus loin, die penultimo Augusti... Item placuit dicto con-

(1) Bernard de Saint-Étienne, le parent et le secrétaire du Pape, aux conseils et aux bons offices duquel les Marseillais recoururent si souvent.

silio reformatœ quod nullus de dicta civitate Massiliœ admitta-
tur ad aliquem honorem in adventu domini nostri Papœ, nisi
portet raubam ordinatam per consilium.

II

Logements préparés pour les Cardinaux.

Die XII septembris. Consilium. Primo fuerunt lectœ et publi-
catœ per me notarium infrascriptum ordinationes infrascriptœ
pro felici adventu domini nostri Papœ.

Domus infrascriptœ ordinatœ sunt et parantur dominis Cardi-
nalibus pro adventu domini nostri Summi Pontificis.

Primo domus episcopalis Massiliœ et domus circumvicinœ
ibidem pro uno domino Cardinali, et ad providendum de necessariis eidem, domini infrascripti, videlicet, P. Ferrarii,
Georgius Guigonis, Johannes Stephani, in Annonaria superiori.

Item domus sancti Antonii et domus circumvicinœ pro alio
domino Cardinali; et ad providendum de necessariis eidem, et
exequendum juxta ordinationem factam per dictum dominum
Vicarium et consilium, vid. Jacobus Repelini, Pontius Barralis,
Guill. Fabiani, prope S. Anthonium.

Item domus sancti Johannis Jerosolymitani et domus circumvicinœ, et ad providendum de necessariis, juxta ordinationem consilii, vid. Bernardus de Berra, P. Desderii, Johannes
Melli, prope S. Johannem.

Item domus Prœdicatorum cum domibus Blancariœ, et ad
providendum de necessariis domino Cardinali, vid. Carolus Atulphi, Anthonius Vincentii, Raymundus de Lauriis.

Item domus Salvatoris Austriœ et fratrum ejusdem, et domorum circumvicinarum pro quodam domino Cardinali, et ad
providendum de necessariis, vid. P. Austriœ, P. Ricavi, Anthonius de Sancto Egidio, ibidem.

Item domus Guillelmi de Monte Olivo, cum domo Riquestoni, et Bertrandi Gandolo, et domo Caroli de Monte Olivo pro alio domino Cardinali, et ad providendum de necessariis, vid. Giraudus de Monte Olivo, Monteolivus de Monte Olivo, Rostagnus de Mayronis, ibidem.

Item domus Pontii de Alamannono quondam, cum domo domini de Cuja, et domo Petri de Sancto Jacobo, et domo Blanquerio, et aliis circumvicinis, pro alio domino Cardinali, vid. Marquesius de Favassio, Amelius Bonifacii, P. de S. Jacobo.

Item domus Petri Alamanni, cum domo domini Berengarii de Bulbono, et domibus circumvicinis, pro uno domino Cardinali, vid. Ant. Dieude. Hugo de Ruseforti, Johannes Renaudi, ibidem.

Item domus Stephani de Brandisio, cum domibus circumvicinis, et ad providendum de necessariis pro uno domino Cardinali, vid. Stephanus de Brandisio, G. Lurdi, Laurentius de Lingris, ibidem.

Item domus Imbertoni de Marcho, cum domibus circumvicinis, pro uno domino Cardinali, et ad providendum de necessariis, vid. Johannes Johannis, dictus Imbertonus, Johannes Stornelli, ibidem.

Item domus Guillelmi Martini, cum domibus circumvicinis, pro uno domino Cardinali, et ad providendum de necessariis, vid. P. Carbonelli, Johannes de Buco, Aycardus de Rocaforti, ibidem.

Item domus Petri de Jerusalem quondam, et Pontii Columberii quondam, cum domibus circumvicinis, et ad providendum de necessariis, juxta ordinatum, vid. Augerius Viaderii, G. de Favassio, Jacobus Jordani.

Item domus quæ fuit Bertrandi Vassalli, cum domo Petri Renaudi et aliis domibus circumvicinis, (et ad providendum) Johannes de Astorgiis, dominus Giraudus Aymerici, Johannes Cassa.

Item domus hæredum Ismardi Eguesrerii..... (Sic.)

Tandem in reformatione dicti consilii placuit reformare, et reformando requirere dictum dominum Vicarium, quod illi domini ordinati super provisionibus quibuscumque, tam domorum quam aliarum rerum quarumcumque, pro adventu domini nostri Papæ et duorum Cardinalium, et aliorum quorumcumque, juxta ordinationem consilii, habeant potestatem, cum voluntate et licentia dicti domini Vicarii, quam licentiam dictus dominus Vicarius harum serie concessit eisdem, dandi licentiam Subvicario et servientibus curiæ reginalis Massiliæ, compellendi et pignorandi quoscumque homines rebelles, seu nolentes obedire ordinationibus factis tam per dictum consilium quam per eos, super provisionibus antedictis.

Item quod omnes marchiæ, represaliæ et guajariæ concessæ civibus Massiliæ, suspendantur tanto tempore quanto morabitur dominus Papa in Massilia, et quod omnes, cujuscumque conditionis existant, tam principales quam fidejussores, et alii quicumque, possint venire salvi et securi ad hanc civitatem Massiliæ, tempore supradicto, ab hodie in antea, et quod fiat præconisatio.

Item placuit dicto consilio reformando requirere dictum dominum Vicarium quod illi sex pridem electi per dictum dominum Vicarium, de mandato et voluntate dicti domini Vicarii, habeant potestatem ordinandi, tractandi, pro eorum libito voluntatis, in absentia dicti domini Vicarii, ab hodie in antea, vid. tanto tempore quanto morabitur dominus Papa in Massilia, et non ultra, quibus dictus dominus Vicarius dedit et contulit licentiam postulatam.

Item placuit dicto consilio requirere dictum dominum Vicarium quod præconizari faciat ferias vendemiarum, in forma hactenus in civitate Massiliæ observata.

Item quod illæ domus duodecim ordinatæ ad recipiendum Cardinales in adventu domini nostri Papæ.... (*Rien de plus.*)

Die xxiii Septembris fuerunt electi subscripti cum voluntate domini Vicarii, Bernardi Bonifacii, Guillelmi de S. Egidio, Marquesii de Favassio, et Jacobi Messerii, in aula domini Vicarii.

Primo ad recipiendum pallia, copertoria et alia paramenta ac necessaria, tam ab ecclesia quam aliis personis, pro paranda carreria Francigena, G. Fabiani, Anthonius Bordi.

Item executores et examinatores omnium ordinatorum pro adventu domini nostri Papæ, utrum sint ordinata completa vel non, cum plena potestate eis data præsenti scripto, compellendi illos qui ad ipsa tenentur, juxta ordinata per dictum dominum Vicarium et consilium., G. Elie, St. de Brandisio.

———

III

Primo supplicetur domino nostro Papæ quod ipsa Sanctitas dignetur in collegio per eamdem Sanctitatem statuendo in monasterio de novo constructo in Montepessulano, et numero ipsorum studentium, certum numerum et perpetuum de monachis monasterii sancti Victoris Mass., natis et nascituris in eadem civitate Massiliæ.

Item supplicetur eidem Sanctitati super Indulgentia concedenda in dicto suo monasterio Mass., et si eidem Sanctitati placuerit, in festo Inventionis S. Crucis, de mense Madii, quia illud tempus magis erit et est competens pro venientibus ad habendum illam Indulgentiam.

Item supplicetur eidem Sanctitati pro omnibus clericis tam sæcularibus quam regularibus dictæ civitatis, super promotione et provisione beneficiali corumdem, juxta sufficientiam personarum ipsarum, de speciali gratia ipsos in præmissis recommendatos habere dignetur.

Item supplicetur eidem Sanctitati, quod dignetur antiquas Indulgentias confirmare monasterii sancti Victoris Massiliæ.

Item supplicetur eidem Sanctitati, quatenus misericorditer concedere velit Massiliensibus quod ipsa civitas interdici non

possit, seu supponi interdicto, per alium quam per Sedem Apos-
tolicam, ut filia specialis Sanctitatis prædictæ.

Item supplicetur eidem Sanctitati, quatenus gratia concessa
hominibus civitatis Massiliæ, quod non possint trahi extra civitatem Massiliæ (seu) diocesi, pro apostolica scriptura, quod pro-
rogetur ad terminum longiorem.

Item supplicetur eidem Sanctitati quod dignetur concedere
gratiose unionem faciendam de monasterio monialium S. Pontii
de valle de Geminis, cum monasterio dominarum monialium
de Syon, civitatis Massiliæ, cum sint ejusdem habitûs, religionis et professionis, propter maximam earum paupertatem, et
destructionem regularis observantiæ earumdem, in quibus ver-
titur et verti speratur magnum periculum totalis destructionis
ipsarum, nisi per eamdem Sanctitatem celeriter provideatur.

Et fiat mentio per dominum Massiliensem Episcopum de
statu et conditione, ac regimine ipsarum.

Item placeat domino Massiliensi Episcopo, si suæ benignitati
placûerit, cum domino Vicario et civibus Massiliæ interesse in
reverentia impendenda Sedi Apostolicæ, cùm sibi notificabitur,
et per eumdem dnm Episcopum proponentur, si placet, verba
sapientia gaudium dicti domini nostri Papæ; necnon quod
regratietur eidem Sanctitati de omnibus beneficiis, donis, gra-
tiis, et honoribus, per ipsam Sanctitatem collatis hominibus
dictæ civitatis Mass.

Item supplicetur dicto domino nostro Papæ quod dignetur
ipsa Sanctitas misericorditer providere super provisione elemo-
synæ monasterii S. Victoris Massil. prout aliàs fuit supplicatum.

A une autre feuille. Primo dominus Massiliensis Episcopus
in adventu domini nostri Papæ, cum certis hominibus dictæ
civitatis sibi associatis, reverentiam faciat eidem Sanctitati,
proponendo gaudium de adventu suo, reddendo gratias joca-
lium et gratiarum illatarum ipsi civitati, supplicantes de indulgentia danda per ipsam Sanctitatem, in festo sanctæ Crucis de
mense Madii.

Item supplicetur eidem Sanctitati per ipsum dominum Episcopum nomine dictæ civitatis, quatenus dignetur ipsa Sanctitas recolligere in numero studentium in Montepessulano, in
collegio de novo facto, certos monacos de monasterio S. Victoris, ad certum numerum, oriundi de Massiliâ.

IV

Autorités marseillaises en 1365.

(du 1er Nov. 1364 au 1er Nov. 1365)

VIGUIER.

Landulphe de Brancas, de Naples, chevalier, remplacé le 24
mars 1365, pour cause d'excommunication, par Guillaume de
Remusac, chevalier, seigneur de Montmaurin.

SYNDICS (1).

Nobles : Jean de Vaquières ,
Pierre de Lingris ,
François Galli (2).

CONSEIL GÉNÉRAL DE LA VILLE.

1. *Du Sixain de Saint-Jean.*

* Pierre Simin.
* Bérenger Montagne.
* Bernard de Berre.
Pierre Lauland.
Etienne Rodel.
Arnaud de Montolieu.
Maféo Simondel.

Antoine Gratian.
Pierre Desdier.
* Jean Miel.

2. *Du Sixain des Accoules.*

* Pierre Carbonel.
* Barthélemy de Monteils.
Jacques Repelin.
* D. Giraud Aymeric.

---

(1) Les consuls de Marseille ont porté jusqu'en 1475 le nom de syndics.

(2) Le 3e syndic est nommé dans le registre des délibérations, tantôt
François Galli, tantôt François Mensure, c'est pourtant le même homme ; le
23 mai 1365 on trouve François Galli Mensure, le mot Galli étant barré ;
mais ce qui est concluant, c'est que le 18 mars 1364(65) le conseil envoie à
Avignon Bernard de Berre et François Mensure, et le 1er avril suivant il
reçoit des lettres de ces ambassadeurs, qui cette fois sont nommés Bernard
de Berre et François Galli. *Délib. municip.*

Bernard de Boniface.
Lazare de Cépède.
Guillaume de Vivaud.
Pierre de Cépède.
Pierre Mayran.
Guillaume Martin.
Jacques Messerie.
Jean Stornel.
Jean de Boue.
Bernard de Conchis.
Jean de Jean.
Pierre Amiel

3. *Du Sixain de la Draperie.*

Bertrand de Jean.
Jean Elio, fils de Jean.
Jean Etienne.
Jean de Stregiis.
D. Guillaume de Montolieu.
Jean Atulphi.
D. Jean de Quinciac.
André Bonvin.
Gilles de Boniface.
D. Imbert d'Alamannon, chev.
François Galli.
Guillaume de Monteils.
Guillaume de Matis.
Guillaume Fabian.
Fouque Raynulphi.
Jacques de Monteils.
Jean Casse.
Jacques Stornel.
Ricave Ricavi.
Bernard Boerii.

4. *Du Sixain de Saint-Jacques.*

* Amiel de Boniface
* Guillaume Repelin.
* Guillaume Elio.
  Guillaume Lourde.
* Antoine Dieudé.
* Etienne de Brandis.

Pierre de Lingris.
* Laugier de Soliers.
  Georges Guigou.
  Bertrand Vassal.
  Vivaud de Jérusalem.
  Laurent de Lingris.
  Pierre Ricavi, fils de Fouque.
  Montolieu de Montolieu.
  Pierre Ferrier.
  Hugues Novelli.
  Guillaume de Jérusalem.
  Augier Viadier.
  Louis d'Agout.

5. *Du Sixain de Saint-Martin.*

* Marques de Favas.
* Rostaing de Mayronis.
  Hugues Miel.
  Pierre Austrie.
  Jean Elio, le vieux.
  Gaufrid Ricavi.
* Jean de Vaquières.
* Antoine de Riquis novis.
  Giraud de Montolieu.
  Bertrand Caudole.
  Jacques Guilli, fils d'Antoine.
  Sauveur Austrie.
  Fansonier de Altu.
  Pierre de Saint-Jacques.

6. *Du Sixain de la Calade.*

* Antoine Vincens.
* Pierre Ricavi.
* Guillaume de Saint-Gilles.
  Raymond de Laureis.
  Raymond Bauclan.
  Bertrand Vincens.
  Charles Atulphi.
* Antoine Casse.
  Antoine de Saint-Gilles.
  Guillaume Giraud.
  Guillaume Jordan.

CONSEIL SECRET.

Les membres du Conseil général dont les noms sont marqués d'un astérisque, composaient le Conseil secret.

ERRATA

de l'HISTOIRE D'URBAIN V ET DE SON SIÈCLE, *par M. Magnan,*
Docteur en Théologie et en Droit Écléslastique
Paris 1862, in-8°.

Bien qu'il soit dit que cette histoire a été composée d'après les manuscrits du Vatican, il s'y est pourtant glissé un certain nombre d'inexactitudes, les unes renouvelées des historiens précédents, les autres paraissant pour la première fois. Elles nous ont souvent embarrassé dans notre récit, et nous avaient même induit en erreur dans plus d'une occasion. On nous saura peut-être gré d'en relever quelques-unes; cette liste pourra servir à ceux qui possèdent cet ouvrage, et être de quelque utilité pour une autre édition. Nous citons les sources, pour n'avoir pas l'air de vouloir être crû sur parole.

On remarquera, nous l'espérons, comment, évitant toute critique littéraire et toute appréciation des opinions de l'auteur, nous nous en tenons aux faits, et ne notons que les choses qui sont inexactes. Nous n'avons en vue que la valeur historique de l'ouvrage, nous faisons de la critique historique, la seule qui profite à tout le monde et ne peut déplaire à personne : ce n'est que par elle que les études historiques peuvent progresser. L'histoire a des droits que nul ne peut songer à lui disputer : c'est d'être traitée sérieusement, et non écrite d'imagination, d'exclure tout ce qui est faux, afin de ne pas devenir un roman; puis, en cas d'erreur, d'être toujours admise a réclamer contre qui que ce soit. Pour maintenir les droits de l'histoire, nous signalons l'erreur, en attendant de pouvoir établir la vérité.

1. — P. 10. « Innocent IV, *Lucien III* et Clément IV vécurent « loin de Rome. » Il n'y a jamais eu de Pape du nom de *Lucien ;* il faut donc en mettre quelqu'un autre à sa place, ou le retrancher.

2. — P. 29. « Le Comtat-Venaissin, *qui fut donné en* 1274 à
« Grégoire IX par le roi Philippe-le-Hardi. » Il serait plus exact de
dire avec Cottier : « ce fut le jeudi saint, 12 *avril* 1228, que fut
conclue à Paris entre le roi de France Louis IX , Raymond VII ,
comte de Toulouse, et Romain, cardinal de Saint-Ange, la fa-
meuse paix par laquelle le Saint-Siège acquit la possession du
Pays-Venaissin. » Notes concernant les Recteurs du C. V. p. 1.

3. — P. 60. « Les comtes de Toulouse et de Provence avaient
« attiré à leurs cours une foule d'esprits distingués qui.... créèrent
« la poésie moderne. On les appela *trouvères*. — P. 61. Les
« *trouvères* passèrent en Italie... Les *trouvères* furent donc les
« premiers maîtres des poètes italiens, et Dante lui-même sen-
« tit leur influence. Sa poésie est celle des *trouvères*... Il vint à
« la cour de Charles I", y entendit la poésie des *trouvères*. —
« P. 62. *Jamais la poésie des trouvères n'avait jeté autant d'éclat*
« qu'au temps des premiers Papes d'Avignon. *La cour Pontifi-*
« *cale faisait ses délices* des poètes provençaux *Pierre de Ven-*
« *tadour*, Arnaud Daniel, Pierre Vidal, Arnaud de Merveil,
« Anselme Faydit, Pierre d'Auvergne, et les autres... Tan-
« dis que le midi de la France se passionnait pour la poésie
« des *trouvères*... (Pétrarque) lut Virgile, les *trouvères*... Les
« *trouvères* lui communiquèrent ce goût délicat et pur, etc...—
« P. 63. Pétrarque est redevable aux *trouvères* de toutes les qua-
« lités qui le distinguent... Celui qui mettrait en regard les son-
« nets, les chansons de Pétrarque et les poésies des *trouvères*
« qu'il a pillées et imitées... — P. 121. Jeanne (de Naples)...
« faisait ses délices des vers des *trouvères*...— P. 289. La gloire
« de Pétrarque serait entière si les *trouvères* provençaux ne
« lui avaient fourni la plupart de ses pensées. »

Notez maintenant : 1° qu'il n'y a jamais eu de *trouvères* ni à
Toulouse, ni en Provence, ni dans le midi de la France, ni en
Italie, ni à Naples ; ces poètes méridionaux qui créèrent la poésie
moderne, on les appelle *troubadours*, nom qui n'est pas même
prononcé dans *l'histoire d'Urbain V*, tandis que celui de *trou-*

vèrs, qui désigne les poètes du Nord, est répété à satiété.—
2° Jamais la poésie des troubadours ne jeta *moins d'éclat* qu'au
temps des premiers Papes d'Avignon, puisque ces poètes brillè-
rent surtout au XII⁰ et au XIII⁰ siècles (Raynouard. Nostrada-
mus. Crescimbeni) (1), et ceux que cite M. M', étaient morts
depuis cent ans.— 3° La cour pontificale d'Avignon (1305-1376)
ne put pas faire ses délices de Pierre de Ventadour, qui n'a jamais existé, d'Arnaud Daniel, mort avant l'an 1200, de Pierre
Vidal, 1229, d'Arnaud de Merveil, 1220, d'Anselme Faydit, 1220,
de Pierre d'Auvergne, vers 1285 ; restent *les autres.* (Nous
avons pris les chiffres de Crescimbeni).

4. — P. 81. « Son père, Guillaume de Grimoard, était sei-
« gneur de Grisac, Bellegarde et Montbel. » Puisqu'on tient à
donner ses titres, ajoutez : de Bédouès et de Grasvillar, comme
le porte le privilége du roi Jean (Baluze. II. 756).

5. — P. 82. « Sa mère, Amphélise de Montferrand, était fille
« du *comte* de Montferrand, qui fit, en 1304, la campagne de
« Flandre.» Ceci est emprunté aux recherches de M. Roussel, de
Mende, sansqu'il soit aucunement cité; mais M. Roussel, aussi
bien que Dom Vaissette (*Hist. du Lang.* IV. 116), et le marquis
d'Aubais (*Pièces fugit.* II. 53), avaient eu soin de dire *comtor* de
Montferrand, ce qui est un titre de noblesse particulier au Gévaudan. Puis, j'en demande pardon à l'un et à l'autre, ce n'est
pas Gui de Sénaret, qui était comtor de Montferrand, mais Guilabert, son père; ensuite, rien ne prouve qu'Amphélise fût fille
de Gui de Sénaret, qui fit la guerre de Flandre. Si l'on veut bien
réfléchir que le mari d'Amphélise avait alors près de quarante
ans, on croira bien plus facilement qu'elle était sœur de Gui,
et fille de Guilabert de Sénaret, alors comtor de Montferrand,
et père de Gui qui était convoqué pour la guerre.

(1) *On peut préciser en chiffres ronds l'époque de la décadence de la poésie
provençale, en l'assignant à l'année 1259. Le terme fatal coïncide à l'année
1290... Le cycle poétique en son entier embrasserait ainsi une période de 200
ans. 1090-1290. Diez. La poésie des Troubadours, p. 64.*

6. — P. 83. « Ils eurent *quatre* enfants : Etienne...' (Guil-
« laume)... Anglic... Delphine. » Ajoutez : *plus un cinquième*,
Maurice de Grimoard, qui fit branche, et dont la descendance a
continué la race quand celle de la branche aînée fut tarie (Mo-
réri. V. 385); *plus un sixième*, Isabelle, que le cardinal Anglic
dans son testament appelle sa sœur. (Baluze. II. 1021 etc.)

7. — P. 86. « Anglic de Grimoard, oncle du jeune Guillaume,
« *était prieur* (de Chirac...il) lui donna l'habit de Saint-Benoît,
« *et reçut sa profession.*» La preuve de cela ? Nous savons qu'A n-
glic était aumônier du monastère de Saint-Tibery en 1316
(Hist. du Lang. IV. 97) ; nous savons qu'en 1337, il était prieur
de Chirac (Chap. gén. de Saint-Victor) ; mais qu'il le fût quand
son neveu prit l'habit, nous voudrions qu'on le prouvât. Il est
d'ailleurs certain qu'Urbain V n'a pas fait profession à Chirac,
mais à Saint-Victor. (Bulle *Romanus Pontifex.* 2 janv. 1363.)

8. — P. 86. « Le prieur de Chirac... l'envoya étudier la
« théologie et le droit ecclésiastique *à Montpellier.* » Lisez comme
il y a dans le texte : On l'envoya étudier le droit canonique à
Toulouse, à Montpellier, à Paris et à Avignon. (Procès de
Can. f. 4.)

9. — P. 87. « C'était en 1346. Six ans plus tard, Clément VI l'ap-
« pelait à Avignon *et lui confiait l'enseignement du droit ecclésias-*
« *tique dans la ville papale.* » Lisez: moins de six ans plus tard,
Clément VI l'appelait à Avignon, supposé qu'il n'y fût pas déjà,
pour le nommer, le 13 février 1352, abbé de S. Germain, et l'envoyer en Italie. (Bulle *Inter sollicitudines.*)

10. — P. 88. « Le bruit de sa renommée parvint *jusqu'au pape*
« *Innocent VI. Ce Pontife* voulut récompenser tant de science et
« de vertu en donnant l'abbaye de Saint Germain d'Auxerre à Guil-
« laume de Grimoard. » *Et en note :* « Ce fut, croyons-nous, à
« *la fin de l'année 1357.* » Ce n'est pas Innocent VI, mais Clément VI, qui nomma Guillaume abbé de Saint-Germain ; ce ne
fut pas à la fin de 1357, mais au commencement de 1352 , le 13
février. (Christophe. Baluze. Duchêne. Regeste de Clément VI.

11. — P. 88. Note. « Baluze croit que Guillaume de Grimoard,
« fut légat du pape Clément VI, en Italie *en* 1342... Le sieur de
« Lescale est du même sentiment. Ils s'appuient sur Corio... et
« sur une charte citée dans la vie des Papes d'Avignon... *la*
« *charte citée par Baluze n'est pas authentique.* » — Baluze croit
(Vitæ Pap. Aven. I. 978) que Guillaume fut envoyé en Italie
par Clément VI *en* 1352. Son opinion est démontrée vraie par
la bulle *Animarum salutem* du 1er mai 1352, par une autre
bulle du 1er juillet 1352 etc. (Regeste de Clément VI. An. 10
et 11.) Il faut en conclure que Baluze, Lescale et Corio ont raison,
et que la charte est parfaitement authentique.

12. — P. 88. Note. « L'abbaye de Saint-Germain d'Auxerre
« était occupée (en 1352) par Etienne de Chitry, *qui mourut en*
« 1353, ainsi que le prouvent les chartes citées par Denis de Sainte-
« Marthe. » Etienne de Chitry ne mourut pas en 1353, puisqu'il
était mort, enterré, et remplacé dès le 13 février 1352 (Regeste
de Clément VI.) ; et s'il y avait des chartes qui disent qu'il
mourut en 1353 , il faudrait en conclure qu'elles ne sont pas
authentiques. (Cette note joue vraiment de malheur, et encore
nous en passons.)

13. — P. 88. «(L'abbaye de Saint-Germain) eut pour fondateur
« saint Germain, *préfet des Gaules,* et enfin évêque d'Auxerre. »
Saint Germain , avant d'être évêque, avait été gouverneur
d'Auxerre ; mais on ignorait encore qu'il eût été *préfet des
Gaules :* ce sera un nom nouveau à ajouter à la liste des préfets.

14. — P. 104. « Clément VI revêtit Albornoz de la pourpre.
« Mais il ne put faire servir à ses desseins particuliers la pru-
« dence et la fermeté d'Albornoz, il mourut *quelques mois* après
« l'arrivée de ce grand ministre. » Lisez : il mourut *plus de deux
ans* après ; car Albornoz fut fait cardinal le 18 décembre 1350,
étant déjà arrivé à Avignon , et Clément VI mourut le 6 décembre 1352. (Ciaconius.)

15. — P. 116. « Le prieur de la chartreuse de *Villeneuve*
« Jean de *Novavilla.* » Ces deux mots font double emploi , l'un

est la traduction de l'autre ; c'est comme si on disait : Guillaume de Sancto-Victore, abbé de Saint-Victor.

16. — P. 116. « (Guillaume de Grimoard) *dut se rendre d'a-*
« *bord à Ancône,* où était le cardinal Albornoz , ... il dut vérifier
« le dégât commis autour de Bologne par les Milanais... De là
« il se rendit à Milan. » Guillaume se garda bien de prendre ce
chemin, c'était contraire aux ordres du Pape qui lui com-
manda d'aller directement à Milan, et de là auprès d'Albornoz.
(Bulles du 19 et 20 mars et 21 avril 1361. Martène. Thes.
Anecd. II.)

17. — P. 117. « Le Pape... écrivit à l'Empereur le 20 juin,
« ...il lui adressa la lettre que venaient de lui écrire Guillaume
« de Grimoard, et l'évêque de Fermo. » *Et en note :* « Martène,
« liv. II. lettre 176. » Ce n'est pas à l'Empereur que le Pape écrivit le 20 juin cette lettre 176 , mais à son nonce Gilles , évêque
de Vicence : *Venerabili fratri Egidio, episcopo Vicentino.* (Mart,
Thes. Anecd. II. 1005.)

18. — P. 119. « Innocent VI .. s'empressa de communi-
« quer *au marquis de Montferrat* cette bonne nouvelle. Sa lettre
« est du 5 juillet 1361. » C'est *au doge de Gênes,* Simon Boccani-
gra, et non au marquis de Montferrat , qu'Innocent VI adressa
cette lettre du 5 juillet 1361. (Thes. Anecd. II. col. 1021.
Epist. 194).

19. — P. 119. « L'abbaye de Saint-Victor était vacante : In-
« nocent VI y nomma Guillaume de Grimoard, *au commencement*
« *de l'an* 1362, et non en 1358. » C'est en 1361, en août ou septembre, que Guillaume fut fait abbé de Saint-Victor; le 4 octobre il écrivait d'Avignon à ses vicaires généraux à Saint-Victor,
Jean de Vaquières et Bernard Fabri ; le 9 octobre il leur ordon-
nait de conférer les chapellenies vacantes ; le 13 octobre il adres-
sait une lettre à Pons de l'Orme, etc. (Arch. de Saint-Victor.)

20. — P. 119. « Il est prouvé que *le 31 décembre* 1358,
« le prédécesseur de Guillaume vivait encore. » Lisez : Il est
prouvé que le prédécesseur de Guillaume vivait encore le 25 fé-

vrier 1361 (Thes. Anecd. II. 890), et même le 22 mars 1361.
(Arch. de S. V. Marseille. n° 676.)

21.— P. 120. « Denys de Sainte-Marthe *produit la copie d'un*
« *bref* que le Pape Innocent VI adressa le 24 *février* 1362 à
« *Etienne III*, abbé de Saint-Victor. Il y a toute apparence que
« *c'est le même Etienne* qui fut envoyé en Italie en 1364, et *qui*
« *n'était que vicaire général* de l'abbaye. C'est par *extension*
« qu'il porte le titre d'Abbé de Saint-Victor. *Peut-être est-ce*
« *Bernard de Saint-Etienne*, qui gouverna l'abbaye au nom de
« Guillaume de Grimoard, et *força* les moines à envoyer à celui-ci
« les 3000 florins d'or qu'ils lui avaient promis *dans le chapitre*
« *général (8 juillet 1362).* » Ici nous avons beaucoup à corri-
ger : autant de mots, autant d'erreurs.-- 1° Denis de Sainte-Marthe ne produit la copie d'aucun bref, mais il indique seulement
(Gallia chr. I. 693) un bref donné par Innocent VI, quinto kal.
martii, anno nono, ce qui veut dire *le* 25 *février* 1361. et non
point le 24 février 1362. -- 2° Ce bref n'est pas adressé à Etienne
III, qui ne fut abbé qu'en 1364, mais à Etienne II de Clapiers.--
3° Cet Etienne n'est pas le même qui fut envoyé en Italie en
1364, car Etienne de Clapiers, abbé de Saint-Victor de 1348 à
1361, ne peut pas être le même qu'Etienne Aubert, neveu
d'Innocent VI, envoyé en Italie par Urbain V, et mort en
1380. -- 4° Celui-ci, Etienne Aubert, n'était pas *que vicaire*
général de l'abbaye; il en fut abbé en realité, et non *par*
extension, de 1364 à 1380; Bulle *Sinceræ devotionis* du 22
avril 1364; *Urbanus episcopus S. S. D. dilecto filio Stephano*
Abbati *Mon. S. Victoris.... de cujus persona mon. Sancti-*
Victoris..... nuper *providimus* ; et autres bulles aux arch.
de Saint-Victor ; nous avons d'ailleurs sous la main une
soixantaine de bulles à lui adressées qui lui donnent le titre
d'abbé de Saint-Victor, et nous défions qui que ce soit d'en
citer une où il soit dit qu'il n'était que *vicaire-général.*
-- 5° Etienne Aubert *n'est pas le même* que Bernard de Saint-
Etienne ; le premier était neveu d'Innocent VI, abbé de Saint-

Illide, puis de Saint-Victor, et mourut le 24 janvier 1380 (Baluze. Gallia chr. Arch. de Saint Victor) ; le second était parent d'Urbain V, son secrétaire, son vicaire-général, prieur de Sala, sacriste de Rodez, et enfin évêque d'Usez, il est mort en 1374 (Gallia chr. Arch. de Saint-Victor. Dél. munic.); tous les deux ont en même temps assisté en 1372 à la translation du corps d'Urbain V; l'un était abbé, l'autre évêque; l'un était moine, l'autre ne l'a jamais été; quel moyen de les confondre? —6° Bernard de Saint-Étienne n'eut pas à *forcer les moines à* envoyer les 3000 florins ; il en fit seulement la répartition entre les divers prieurés. — 7° Le chapitre général qui vota cette somme n'est pas du 8 juillet 1362, *mais du 10 mai 1362*, et la charte citée est du 6 juillet. (Arch. de Saint-Victor. 592. 1305. 1332.)

22. — P. 121. « Robert, roi de Naples, étant mort (1343) « Jeanne, *sa fille aînée*, lui succéda. » Mettez : *sa petite fille*, Robert n'ayant laissé ni fils, ni filles.

23. — P. 123. « Le 18 septembre 1345, le mari de la reine « Jeanne fut étranglé. *Quelques jours* après Jeanne mit au « monde un enfant qui mourut *bientôt*. » *Quelques jours* veulent dire *plus de trois mois* : tre mesi passati dal dì della morte del marito mise in luco un bambino; (Crivelli, Della 1ª e della 2ª Giovanna.) Bouche dit en effet que cet enfant naquit le jour de Noël. *Bientôt* signifie *trois ans* après.

24. — P. 125. « Guillaume de Grimoard… partit, visita Rome, « passa la frontière napolitaine. Mais *avant de se rendre à Na-* « *ples*, il voulut aller prier au Mont-Cassin… Le même jour les « députés du conclave l'atteignirent au Mont-Cassin. Ils lui en- « joignirent *de revenir au plus vite*… P. 128. Guillaume obéit « aux envoyés du Sacré-Collége. » Tout cela est très-bien arrangé; malheureusement Urbain V assure lui-même, dans une lettre à la reine Jeanne, qu'il est arrivé jusqu'à elle : *Meminimus quod anno præterito dum nos…. ad Serenitatis tuæ præsentiam fuimus destinati, tc… attente rogavimus*, etc. — 22 avril 1363.

25. — P. 126. « Les cardinaux entrèrent au conclave... Ils
« étaient au nombre de *vingt-un.* » Retranchez le cardinal Albornoz qui était en Italie, et il ne restera pour le conclave que
vingt cardinaux.

26. — P. 130. « *Le 5 novembre*, fête de saint Léonard, Ur-
« bain V fut sacré. » Il ne le fut que *le 6*, qui était un dimanche,
le sacre des Papes se faisant toujours en un pareil jour.

27. — P. 137. « La bulle d'exemption de Saint-Victor. Ur-
« bain V la donna, suivant Denys de Sainte-Marthe, le 2 janvier
« 1363. Les moines de Saint-Victor en produisaient une autre
« datée d'Avignon, *le 9 avril* 1368. Ces deux bulles ont donné lieu
« à de longues discussions... On ne peut s'empêcher de faire
« remarquer que *Launoy opposait aux moines de Saint-Victor*
« *des raisons qu'ils avaient de la peine à réfuter.* Les moines de
« Saint-Victor ne produisaient *que des copies* de ces deux bulles :
« *les originaux étaient perdus.* Dans la première il est dit qu'Ur-
« bain V fit profession à Saint-Victor, lorsque tout prouve qu'il
« accomplit ce grand acte à Chirac. La seconde, donnée à
« Avignon, porte la date *du 5 avant les Ides d'avril de l'an*
« 1368. Or, cette année-là, Urbain V était à Rome. *Ni l'une ni*
« *l'autre de ces bulles ne se trouve dans le Regeste d'Urbain*
« *V.* » Hélas! toutes ces affirmations sont fausses, et M. M*
est mal venu à répéter au 19ᵉ siècle les mauvaises raisons de Launoy, lorsque tout le monde peut voir de ses yeux
les originaux de ces bulles. — 1ᵉ Launoy n'a donné *aucune*
bonne raison contre ces bulles, et une fois de plus il est prouvé
qu'il a nié la vérité. — 2ᵉ Les moines de Saint-Victor ont montré
plusieurs fois les originaux, et non des copies; nous citerons
le dates, s'il le faut. — 3ᵉ Les originaux *ne sont pas perdus*; ils
sont encore aux archives de Saint-Victor, à la Préfecture; la 1ᵉ.
bulle y est en quadruple original, portant les numéros 171, 172,
173, 174, on n'avait donc pas besoin d'en faire des copies; les 4
exemplaires ont encore leur plomb, sauf le numéro 172 qui l'a
perdu, et qui est très-fatigué, preuve évidente qu'il a souvent

servi ; la 2ᵉ bulle s'y trouve aussi en original, sous le numéro 211, avec son plomb pendant à des lacs de soie jaune et rouge. — 4ᵉ Rien ne prouve qu'Urbain V a fait profession à Chirac, et lui-même affirme expressément dans sa bulle du 2 janvier 1363 qu'il a fait profession à S. Victor, *niipso vestro monasterio expressam professionem fecimus* ; nous copions sur l'original : qui faut-il croire ? — 5ᵉ La 2ᵉ bulle n'est pas datée du 5ᵐ *jour avant les Ides d'Avril* 1368, mais *du 3 avril 1367*. Avenione, tertio Nonas Aprilis, pontificatus nostri anno quinto. Or, à cette date Urbain V était à Avignon et se préparait à partir pour Rome. (C'est la 2ᵉ fois qu'on traduit mal l'année du pontificat). — 6ᵉ Comment peut-on dire que *ni l'une ni l'autre de ces bulles ne se trouve dans le Regeste d'Urbain V*, lorsque toutes les deux y sont ? Voici l'indication exacte de l'endroit où il faut les chercher, et nous donnons l'assurance qu'on les trouvera ; pour la première : *Urbani V. de Curia, an. I-III. Ep. 4. folio* 8; pour la séconde : *Urbani V. de Indulg. et Com. anni V. folio* 34.

28. — P. 144. « Dans ses nombreux voyages, il n'avait pas « *omis une seule fois le sacrifice de la messe*, ou la récitation « des heures canoniales. » Ceci demande correction : Urbain V se faisait un devoir de dire *ou d'entendre* la messe : *missam seu missas audiebat, vel ipsemet celebrabat* (Procès de can. f. 6. ms. 4026).

29. — P. 146. « Il donna l'évêché *de Saint-Papoul* à un *de ses « neveux.»* Bernard de Castelnau était son *parent,* agnatus. Notez qu'à la p. 473, on appelle ce prélat, évêque de *Saint-Paul-Trois-Châteaux.*

30. — P. 150. « Il sacra lui même (son frère Anglic, évêque « d'Avignon) le 8 janvier 1363, *en présence de vingt-huit évê-* « *ques et abbés.»* Lisez : il le sacra *en même temps* que 28 autres évêques ou abbés. *Januarii die 8, D. Papa sacra generalia celebrans, fratrem suum consecravit episcopum, cum aliis tam abbatibus quam prælatis num.* 28 (Baluze. I. 401. 2ᵃ vita Urbani V).

31. — P. 150. « Innocent VI et Clément VI s'étaient réservé
« l'église d'Avignon ; (Urbain V) crut cette mesure propre à en-
« gendrer des abus, et nomma à ce siège son frère Anglic... Mais
« bientôt..., Urbain revint au système de ses prédécesseurs, et
« comme eux , *fit administrer 'Avignon par un vicaire.* » Il est
vrai qu'Urbain V gouverna l'église d'Avignon par des vicaires
depuis la fin de septembre 1366 ; mais le 25 janvier 1369, *il
nomma de nouveau un évêque d'Avignon,* Pierre, alors évêque
de Mende. (Reg. d'Urbain V. de Ind. A. VII. f. 45).

32. — P. 159. « Urbain V... fonda l'Université de Cracovie...
« Il voulait accorder la même faveur à la ville de Vienne... *Mais
« diverses causes empêchèrent la réussite de cette affaire.*» Retranchez cela, et mettez à la place : Urbain V. par sa bulle *In su-
premæ dignitatis apostolicæ specula,* qui est du 19 juillet 1365,
fonda l'Université de Vienne, en Autriche, et cette bulle, impri-
mée tout au long dans Lambecius, *de augustissima bibliotheca
Cæsarea Vindobonensi,* liv. 2, p. 84, fut confirmée par une autre bulle d'Urbain VI du 20 février 1384, *dum generosos palmites.*

33. — P. 252. « Cassien fonda à Marseille deux monastères,
« l'un pour les hommes, sur le tombeau de saint Victor, l'autre
« pour les femmes, *sur les rives de l'Huveaune.*» Il y a longtemps qu'on a abandonné cette invention de Guesnay, qui contre
toute vraisemblance, place le couvent de femmes de Saint-Cas-
sien, près de l'Huveaune, au bout du Prado actuel ; il faudrait
enfin laisser à Guesnay ce qui lui appartient : cuique suum.
(Voir Ruffi. André. *Hist. de Saint-Sauveur).*

34. — P. 252. « Par les soins des abbés successeurs de Cassien
« fut amassé un riche trésor de reliques. Les martyrs de Mar-
« seille, les *quatre* dormants d'Ephèse, etc,» Jusqu'à ce jour on
avait dit les *sept* Dormants d'Ephèse ; il est vrai que Ruffi a écrit :
quatre saints du nombre des sept dormants, peut-être parce
qu'il ne restait que quatre figures sur leur tombeau.

35. — P. 253. « Urbain V eut toute la vie une prédilection pour
« l'abbaye de Saint-Victor... il se réserva cette abbaye et *vou-*

« *lut l'administrer directement.* Mais bientôt il y vit quelques
« difficultés, et *nommant Pons de Ulmo, son vicaire-général*, il
« gouverna l'abbaye par son [intermédiaire.» Jamais Urbain V
n'a voulu administrer directement Saint-Victor ; sacré Pape le
6 novembre 1362, il y nommait immédiatement un vicaire-général avec plein pouvoir (bulle du 3 déc. 1362); et lorsqu'il nomma
Pons de Ulmo vicaire-général (13 févr. 1364), il y avait déjà plus
de 14 mois que Guillaume de Ulmo administrait avec le même
titre. M. M* aurait-il crû que Pons de Ulmo fut le premier
vicaire-général envoyé par Urbain V ?

36. — P. 253. « Il y fit construire une tour carrée *qui existe*
« *encore.*» La grande tour bâtie par Urbain V n'existe plus ; la
tour du transept a un œil de bœuf bien visible, et la tour où est
la grande porte a ses ouvertures à plein cintre ; elles ne peuvent donc dater du XIV⁻ᵉ siècle. Où est donc la tour d'Urbain V ?

37. — P. 279. Ici l'écrivain nous apprend que Bocace, l'auteur
du *Décaméron*, était *prêtre.* Jusqu'à preuve contraire, nous
croyons pouvoir en douter ; nous avons vainement cherché de
tout côté sur quoi s'appuie une affirmation aussi étrange. Dans
tous les cas, il est évident qu'il y avait un grand intérêt à
mettre au jour cette découverte.

38. — P. 314. « Cette église (de Chirac) possède un reliquaire
« en argent, etc... Ces reliques ne seraient-elles pas celles que
« *Pons d'Ulmo* découvrit *dans le souterrain* de Saint-Victor,
« quand il commença la restauration de l'abbaye et de l'église ?»
C'est sous Guillaume de Ulmo, *et non du temps de Pons*, que furent trouvées les reliques en question ; on les trouva *dans la
grande châsse qui était sur le maître-autel de l'église supérieure*,
mais pas du tout dans le souterrain. (Arch. de S. V. Reg. 23.
quater.)

39. — P. 316. « Il donna à cette église (de Montpellier) un riche
« reliquaire contenant la *tête* de saint Benoît, d'autres reliquai-
« res renfermant la *tête* de saint Germain d'Auxerre...» Urbain V
ne commit pas l'injustice de dépouiller Auxerre et Saint-Be-

noit-sur-Loire, de leurs reliques insignes ; il se contenta de *quel-ques fragments* qu'il donna à Montpellier ; *cum certa portione ossium* (procès de canon. f. 19), *quartam partem vel circa capitis* (bulle Ad divinum obsequium, 7 janvier 1365). Il n'y avait d'entier que les têtes en argent, le contenant et non le contenu.

40. — P. 316. « Le 14 février était le jour destiné *à la consé-« cration de l'église.*» Cette phrase a besoin d'être modifiée ; l'église de Montpellier ne fut consacrée qu'après la mort du pape Urbain V par le cardinal Anglic, son frère. En 1367, elle n'était pas achevée, ni en état d'être consacrée.

41. — P. 317. « Le pape remit aux religieux du monastère « (de Montpellier) une grande quantité de livres de théologie et « de droit *qu'ils devaient distribuer aux étudiants trop pau-« vres pour les acheter.*» Voici la traduction exacte du passage cité du Ms. 4026 : Il donna un grand nombre de bons livres, de grand prix, et dans toutes les branches des sciences, à savoir, des livres de théologie, de philosophie, de droit, d'histoire, de sermons, de contemplation, de spéculation, et de dévotion, *et il voulut qu'on en fît des bibliothèques publiques dans le monas-tère, afin que les pauvres et ceux qui seraient privés de livres, pussent y trouver les secours dont ils auraient besoin* (Procès de Can. f. 20). On voit que ce n'est pas tout à fait la même chose.

42. — P. 335. « Le lendemain 3 *juin*, au lever du soleil, la « flotte mouillait en face de Corneto... *La fièvre retenait Albor-« nos à Viterbe...* Page 339. La maladie l'avait retenu à Vi-« terbe au moment où le Pape débarquait à Corneto...» C'est *le vendredi 4 juin* qu'Urbain V entra à Corneto (Vita del B. Gio-vanni Colombini. Siena 1541). La même vie dit non moins ex-plicitement qu'Albornoz vint au devant du Pape à Corneto : el Cardinale, che era legato della chiesa in Viterbo, era allhora del corpo infirmo, ma approssimandosi la venuta del Santo Padre, lo visitarono, e *con lui insieme andarono a Corneto.* Pourquoi donc affirmer deux fois le contraire ?

43. — P. 336. « Jean Colombini et son compagnon *François*
« *de Mino..*, p. 337 etc. *François Vincenti*... p. 346. Son disci-
« ple et son ami *Vincent de Mino.*» Qui ne croirait qu'il s'agit
ici de trois personnages divers ? Or ces trois noms différents
désignent une seule et même personne, ce qui ne contribue
pas à rendre bien clair le récit.

44. — P. 361. Urbain V écrivit à Jean Cantacuzène : « Enga-
« gez, nous vous en prions, le magnifique *empereur des Grecs*,
« votre gendre, *Michel Paléologue*, etc...» Ici nous avons comme
empereur des Grecs, Michel Paléologue, lequel était mort depuis
près de 100 ans ; à la page suivante et ailleurs, ce n'est plus Michel, mais *Jean* Paléologue, ce qui est un peu plus vrai. Confusion.

45. — P. 399. « Le vendredi des Quatre-Temps, 22 septembre
« (1368)... Urbain fit *dix* cardinaux.» Lisez : *huit*, malgré qu'on
en énumère *dix*; car, pour arriver à ce chiffre, il a fallu em-
prunter *les deux cardinaux d'Estaing* et *Corsini*, qui ne furent
nommés qu'au consistoire *du* 6 *juin* 1369. Ciaconius n'a pas
fait cette confusion.

46. — P. 400. « Arnaud Bernard, *abbé de Montmajour.*» Ce
prélat n'a jamais été abbé de Montmajour, c'est Pierre de Ban-
hac qui l'était (Baluze).

47. — P. 408. « Les trois commissaires scellèrent le livre du
« procès (de canonisation de saint Elzéar) et le présentèrent au
« Pape Clément VI en plein consistoire (1342)... mais il mourut
« *peu de temps après*, et ne put terminer cette affaire. » Clément VI vécut *encore dix ans*, jusqu'en décembre 1352 ; ce n'est
pas peu de temps. De plus, comment a-t-il pu nommer ces commissaires *en* 1341, comme on le lit un peu plus haut, vu qu'en
cette année-là il n'était pas encore Pape ?

48. — P. 413. « Ainsi, dans les révélations de *sainte Catherine*
« *de Pazzi*, etc.» Qu'est-ce que cette sainte? Qui jamais en a entendu parler ?

49. — P. 417. « Quand il fut Pape, Urbain V se souvint de

« son vœu... *il. supprima le siége épiscopal* que ses prédéces-
« seurs avaient érigé au Mont-Cassin, et plaça de nouveau le mo-
« nastère *sous l'autorité de l'abbé.* » De quel abbé? M. M¹ a-t-il
remarqué qu'il n'y eut point d'abbé au Mont-Cassin jusqu'au 5
décembre 1369, jour où le Pape y nomma André? En attendant,
il le garda sous son autorité immédiate, et y envoya comme
ses vicaires et procureurs Raymond Chabaud, prieur de Car-
luec, et Laurent de Berre, moine de Saint-Victor, prieur de Sa-
lètes. Quant au siége épiscopal, il ne le supprima qu'à la mort
du dernier évéque. (Regesto d'Urb. V.)

· 50. — ·P. 420. « Jean Paléologue... fit son entrée à Rome *au*
« *commencement de l'année* (1369)... *il passa tout l'été* à Rome.
« Enfin, le 8 *octobre* il abjura le schisme. » L'empereur Jean Paléologue ne vint pas à Rome au commencement de 1369, il n'y
passa pas tout l'été. Les auteurs contemporains ne disent rien
de semblable, mais seulement qu'il y arriva un peu avant le Pape,
qui s'y rendit de Viterbe le 13 octobre 1369. *Eodem anno, die* 13
*octobris D. Papa venit ad urbem ubi D. imperator Græcorum,
nomine Joannes Paleologus, expectabat eum* (2ᵉ *vita*). Ce qui a
trompé M. M*, c'est que le chroniqueur, après avoir raconté la
conversion de l'empereur en octobre, le dit encore présent à
Rome en janvier et mars *suivant*, 1369, ce qui doit s'entendre
de 1370. (Baluze. I. 410.) Le jour de l'abjuration est le 18 octobre,
et non le 8, *in die S. Lucæ.* — Tout ce que dit M. M¹ des entre-
tiens d'Urbain V avec l'empereur des Grecs, *avant son abjuration*, de leur intimité parfaite, des visites et des dîners de
celui-ci au Vatican, etc., tout cela est une fable : Urbain V était
à Viterbe et à Montefiascone depuis Pâques; il n'en revint que
le 13 octobre. Ce n'est qu'après son retour et l'abjuration de
l'empereur qu'eurent lieu les choses racontées par le procès de
canonisation; ou MS. 4026.

51. — P. 458. « Enfin *le 16 avril* 1370, jour de *mardi*, les
« deux bustes furent bénis...» P. 461 « C'est *le 16 avril*, 3ᵉ *fête*
« de Pâques qu'Urbain V fit la translation des deux têtes (de

« saint Pierre et de saint Paul). » Malgré ces deux affirmations ,
lisez : *le* 15 avril, 2ᵐᵉ *fête* de Pâques , jour de lundi, *die Lunæ,
quæ fuit* 15 *mensis aprilis.* (Baluze. II. 773.)

52.— P. 472. « Le 1ᵉʳ juin 1372 le corps du Pontife fut exhu-
« mé... *le* 2, on se dirigea vers Orgon... *le* 3 le cortége arriva à
« Salon ; *le* 4, au village des Pennes, et *le* 5 *dans la nuit* aux
« portes de Marseille... Il était *plus de onze heures du soir* quand
« on arriva à Saint-Victor, post horam quintam noctis. » Tout
cela est faux : le corps d'Urbain V fut exhumé *le* 31 *mai,* et
partit ce jour-là, *usque ad ultimam diem Maii... et de dicta die
ossa ejus translata fuerunt* (Baluze. I. 413. 2ᵉ vita); on arriva
donc à Orgon le 1ᵉʳ juin, à Salon le 2, aux Pennes le 3, et c'est
le 4 juin au matin qu'on s'achemina des Pennes vers Marseille.
On n'arriva pas *le* 5 *après onze heures du soir* à Saint-Victor,
mais le 4, assez de bonne heure pour faire l'office solennel de
la translation, que M. M* a complètement supprimé, parce que,
comme il lui a plu de faire arriver le cortége à Saint-Victor à
11 heures du soir, il n'y avait plus le temps ; *factum fuit so-
lemne officium suæ depositionis* (Procès de Canon. f. 31) ; puis
le corps étant resté exposé dans l'église le reste de la journée, il
fut mis au tombeau le 5 juin, d'une heure à deux heures du
matin, et non à 11 heures du soir. En effet, l'acte de sépulture
(Arch. de Saint-Victor. Reg. 23 quater) porte que l'ensevelisse-
ment eut lieu *horâ matutinali quâ officium matutinorum cele-
brabatur de B. V. in choro..post horam quintam noctis, tractam
per orologium ipsius monasterii.* Jamais on ne fera croire à qui
que ce soit qu'une heure *matinale* puisse se dire de 11 heures
du soir ; et la seule interprétation raisonnable de ce texte c'est
de compter les heures de la nuit à partir du coucher du soleil,
comme on le fait à Naples, dè qui Marseille dépendait alors.

53. — P. 473. « A leur tête marchaient le cardinal Anglic ,
« l'archevêque d'Aix, etc. » Il aurait fallu ne pas oublier les six
cardinaux qui étaient présents : *concomitantibus ipsum sex car-
dinalibus.* (Baluze. I. 430.)

54. — P. 473. « L'évêque de Saint-Paul-trois-Châteaux. » Lisez : l'évêque de Saint-Papoul.

55. — P. 475. « On grava sur le tombeau d'Urbain V les vers « suivants.» Plus trois autres que M. M* a retranchés au milieu de l'épitaphe, qui, dès lors, n'a qu'un sens incomplet. Nous les ajoutons en lettres italiques.

> V. 16. *Inter fratrum manus, illa facta, membra resolvens*
> *Christi Vicarius transivit ad astra beatus.*
> *Quem Deus multum exaltat per signa sepultum ;*
> *Qualis enim fuerit signa tanta clare demonstrant.*
> 17. Ad tumulum cujus, etc.

(Procès de Can. f. 1.)

56. — P. 476. « Il opéra de grands prodiges... on en dressa le « procès-verbal que l'on joignit au procès de sa canonisation. Il « y en eut *quatre-vingt-deux* constatés juridiquement, et sur le « nombre *deux* résurrections de morts. » Les procès-verbaux des miracles d'Urbain V en constatent *plusieurs centaines*, et ils existent encore en original. Ceux qui furent annexés au procès de canonisation sont au nombre de *quatre-vingt-neuf*, et sur le nombre, quinze résurrections de morts.

57. — P. 477. « Dans la fresque de Città-della-Pieve.... Ur-« bain V porte *la chasuble* du moyen-âge. » Dans cette fresque, dont nous tenons un fac-simile à la disposition de nos lecteurs , Urbain V ne porte aucune chasuble, *mais la chappe rouge papale.*

58. — P. 482. « A matines et aux petites heures, *on fera l'office* « *du Saint Esprit* qui est le paraclet de Dieu, la fontaine d'eau « vive, la flamme, la charité, l'onction spirituelle, la grâce sep-« tiforme et le doigt de la droite de Dieu. » Dans le texte d'où ceci est tiré, il y a : On sonnera les cloches comme pour une grande fête, c'est-à-dire , comme pour la fête du Saint Esprit, qui est appelé le Paraclet, la fontaine d'eau vive, etc.; *quant à l'office* de la nuit et du jour, ou aux sept heures canoniques , on n'y changera rien, et on le célèbrera selon l'occurrence. (Procès

de Can. f. 62.) On voit qu'il n'est pas du tout question de l'office du Saint-Esprit, et que la traduction est un peu libre.

59. — P. 483 « Après les matines, on chantera avec la même « solennité *les laudes des morts.* » Le texte porte: après l'office du jour, on commencera l'office des morts. (Ibid.)

60. — P. 483. « Le lendemain on fera sous le cloître une pro- « cession solennelle, comme au jour de la Pentecôte, sans rien « ajouter ou retrancher. » Il y a dans le texte: On fera sous le cloître une procession solennelle , comme au jour de la Pentecôte, *après laquelle on chantera la messe solennelle du Saint-Esprit, comme au jour de la Pentecôte* , sans rien ajouter ou retrancher. (Ibid.) On voit qu'on a retranché ici quelque chose du texte latin.

61. — P. 483. « *Le reste de l'office sera célébré à l'heure ordi-* « *naire.* A l'offertoire, un orateur distingué montera en chaire..» C'est encore une traduction un peu libre du latin : *cæterum* horâ consueto, videlicet post offertorium, fiat sermo ad populum per elegantiorem prædicatorem , etc. Il faut n'avoir pas de diction- naire pour rendre l'adverbe *cæterum* par *le reste de l'office sera célébré.*